100 clevere Tipps: Digitalfotografie

www.humboldt.de

100 clevere Tipps: Digitalfotografie

Von Tom! Striewisch

Verlegt bei Humboldt

humboldt

Der Ratgeber Verlag

Humboldt-Paperback (ht) 4144

Der Autor:

Der Autor Tom! Striewisch, Diplom-Designer und Fotograf, gibt seit vielen Jahren Kurse für Anfänger und Fortgeschrittene. Dieses Buch ist das Ergebnis langjähriger Erfahrung als Dozent an Volkshochschulen und Betreiber von Fotolehrgang.de.

Es sind noch zwei weitere Bücher von Tom! Striewisch im Humboldt Verlag erschienen:

Der große Humboldt-Fotolehrgang
ISBN 978-3-89994-017-6, 384 Seiten, zahlreiche farbige Abbildungen

Digitalfotografie für Fortgeschrittene (Buch mit DVD-ROM)
ISBN 978-3-89994-012-1 224Seiten, zahlreiche farbige Abbildungen

www.fotolehrgang.de

humboldt ist ein Imprint der Schlüterschen Verlagsgesellschaft mbH & Co. KG, Hans-Böckler-Allee 7, D-30173 Hannover

www.schluetersche.de

Umschlagfoto und Abbildungen im Innenteil: Tom! Striewisch

Druck und Satz: Artpress Druckerei GmbH, Gewerbegebiet, A-6600 Höfen

www.artpress.at

Printed in Austria

ISBN 978-3-89994-144-9

www.humboldt.de

Inhalt

Vorwort 9

1. Fototechnik 10

1.1 Grundeinstellungen anpassen 11
1.2 Kameratransport und Sicherung 13
1.3 Automatik regeln 14
1.4 Manuell steuern 18
1.5 Bewegungsdarstellung beeinflussen 20
1.6 Verwacklung verhindern 21
1.7 Beanbag 23
1.8 Fadenstativ 22
1.9 Dauerfeuer kontra Verwackeln 25
1.10 Fernauslöseranschluss selbst bauen 26
1.11 Selbstauslöser einsetzen 26
1.12 Schärfentiefe steuern 27
1.13 Abblendtaste 28
1.14 Schärfentieferechner 29
1.15 Schärfentiefeskalen 30
1.16 Nicht weiter abblenden als nötig 30
1.17 Empfindlichkeit 31
1.18 Weißabgleich 32
1.19 Scharf stellen per „FTR“ 34
1.20 Autofokus und Kompaktkameras 35
1.21 Autofokus und Auslöser trennen 35
1.22 Scharf stellen per Vorratsmessung 36
1.23 Digitalzoom meiden 37
1.24 Objektivwechsel (1) 37
1.25 Objektivwechsel (2) 38
1.26 Objektivreinigung 38
1.27 Sensorreinigung 40
1.28 Zubehör, das man nicht braucht 42
1.29 Streulichtblende verwenden 42
1.30 Nachtaufnahmen 43
1.31 Mondfotos 43
1.32 Feuerwerk 44
1.33 Rauschen vermeiden 46
1.34 Schwarzweiß-Fotos mit RAW + JPEG 48
1.35 Weiches Licht (Blitz) 49
1.36 Indirekt blitzen 50
1.37 Blitz mit längerer Verschlusszeit 51

1.38 Zweiter Verschlussvorhang 52
1.39 Blitz mit Filterfolien anpassen 54
1.40 Hochformat und Blitz 55
1.41 Sie sehen zu wenig 55
1.42 Die Kamera ausrichten 57
1.43 Panoramabilder ausrichten 58
1.44 Nodalpunktadapter 59
1.45 Panorama per umgedrehtem Kopf 61
1.46 Panorama belichten 62
1.47 Trennbilder fotografieren 63
1.48 Zur richtigen Tageszeit fotografieren 64
1.49 Aufnahmefilter 1 65
1.50 Aufnahmefilter 2 66
1.51 Festsitzende Filter lösen 68
1.52 Sachaufnahme / Aufnahmetisch / Hohlkehle 68

2. Bildgestaltung 70

2.1 Üben, Üben, Üben 72
2.2 Lassen Sie sich Zeit 72
2.3 Den richtigen Moment treffen 73
2.4 Nicht aufhören 75
2.5 Fläche, Form und Umriss 76
2.6 Anordnung von Bildelementen 77
2.7 Linien 79
2.8 Spiegeln 80
2.9 Drittelregel 81
2.10 Horizontlinie 82
2.11 Querformat/Hochformat 84
2.12 Hintergrund beachten 84
2.13 Vordergrund beachten 86
2.14 Bildränder und -ecken beachten 86
2.15 Nicht verzetteln 88
2.16 Stürzende Linien 89
2.17 Stativ benutzen 92
2.18 Der Auftrag 93
2.19 Kreativität durch Beschränkung 94
2.20 Belichtungseinstellungen gezielt nutzen 95
2.21 Brennweite (Zoom) gezielt nutzen 96
2.22 Schärfentiefeabriss bei Tele deutlicher als bei Weitwinkel 97
2.23 Ausschnitt wählen 99
2.24 Gestaltung mit Digitalkameras 100
2.25 Weg mit den Leuten 102

3. Bildbearbeitung 104

3.1 Pixel statt dpi 106
3.2 dpi und Tintenstrahldrucker 107
3.3 Lieber kein JPEG 109
3.4 Vorsicht beim Wechsel von Hoch- zu Querformat 110
3.5 Monitor kalibrieren 111
3.6 8 bit oder 16 Bit 112
3.7 RAW benutzen 113
3.8 RAW-Entwicklung 116
3.9 Ebenenmasken in Photoshop Elements 119
3.10 Richtig scharfzeichnen (1) 120
3.11 Richtig scharfzeichnen (2) 123
3.12 Richtig scharfzeichnen (3) 124
3.13 Tonwerte korrigieren 125
3.14 Gradationskurven 127
3.15 Kontrastmaske (Alternative zu Lichter und Schatten) 129
3.16 DRI mit PTAverage 131
3.17 Scharfzeichnen verkehrt herum 133
3.18 Porträt: Augen aufhellen, Pupille sättigen 135
3.19 Moirés ade! 137
3.20 Schwarzweiß-Wandlung 140
3.21 Stürzende Linien gerade stellen 143
3.22 Kacheln statt klonen 145
3.23 Labor testen 150
3.24 Stichwörter vergeben 151
3.25 Zu guter Letzt 155

Vorwort

Lieber Leser,

das vorliegende Buch ist mittlerweile meine dritte Veröffentlichung im Humboldt Verlag. Ich möchte die Gelegenheit wahrnehmen und mich sowohl bei den Lesern als auch beim Verlag für das Interesse an meinen Büchern bedanken.
Bei diesem Buch konnte ich das tun, was schon vor über zehn Jahren die Startidee für den Fotolehrgang im Internet (www.fotolehrgang.de, auch als Buch erhältlich: „Der große Humboldt Fotolehrgang") war.
Damals sollte ursprünglich eine Sammlung von Tipps und Tricks für Fotointeressierte entstehen. Aber ich merkte schnell, dass ich auch sehr viel Spaß daran hatte, die Grundlagen zu erklären. So wurde dann aus der geplanten Tippsammlung der „Fotolehrgang".

Jetzt sieht die Sache anders aus, der „Fotolehrgang" existiert und wird immer wieder aktualisiert und erweitert. Das hat für Sie den Vorteil, dass Sie, wenn Sie noch tiefergehende Informationen suchen, als sie dieses Buch hier liefern kann und soll, im Internet (http://www.fotolehrgang.de) oder im Buch nachschlagen können.
In der vorliegenden Tippsammlung werden dagegen technische Zusammenhänge gelegentlich nur angerissen. Wenn Sie darüber hinausgehende detailliertere Erklärungen wünschen, wenn Sie nicht nur das „Wie", sondern auch das „Warum" wissen wollen, können Sie auf den „Fotolehrgang" ausweichen.
Unter http://www.fotolehrgang.de/100tippsundtricks/index.php können Sie zusätzliche Informationen zum Buch und externe Links und Empfehlungen abrufen. Die Tipps sind sehr unterschiedlich in Ihrem Umfang, doch lassen Sie sich dadurch nicht täuschen: Einige sind sehr kurz und liegen quasi auf der Hand, werden aber genau deshalb leider allzu oft übersehen, obwohl sie von elementarer Bedeutung sind.

Der einfachste, aber auch zugleich wichtigste Tipp kommt hier direkt an Anfang des Buches: **Probieren Sie in Ruhe alles aus, was Sie interessiert.** Sie brauchen dank der Digitalfotografie kein Geld mehr für Filme auszugeben, dank der EXIF-Angaben in den Bildern keine Daten mehr aufzuschreiben und können das Ergebnis des Experiments sofort bis in die 100%ige Ansicht kontrollieren.
Nutzen Sie diese Möglichkeiten, um Ihr fotografisches Know-how auszubauen. Das gilt natürlich nicht nur für „technische", sondern auch für gestalterische Experimente.
Lernen Sie das Alphabet der fotografischen Sprache kennen.

Und nun viel Spaß beim Lesen!

Tom! Striewisch

1. Fototechnik

Wenn Sie die ersten Schritte in Digitalistan hinter sich haben und sich vielleicht eine neue Kamera, evtl. sogar eine DSLR (digitale Spiegelreflexkamera), als Weggefährten zugelegt haben, gilt es, die so gewonnenen neuen Möglichkeiten auch zu nutzen. Das geht bereits bei den Voreinstellungen los. Und um diese Voreinstellungen wollen wir uns auf den kommenden Seiten erst einmal kümmern.

1.1 Grundeinstellungen anpassen

Wenn Sie Ihre Kamera das erste Mal in Händen halten, sind schon ein paar grundlegende Einstellungen vom Hersteller (oder vom Vorbesitzer) vorgenommen worden. Jetzt ist der richtige Augenblick, diese Einstellungen zu überprüfen.

Je nach Kameratyp stufen manche Hersteller Sie unterschiedlich ein. Als Besitzer einer digitalen **Kompaktkamera** hält man Sie eher für einen „Gelegenheitsfotografen" (das meine ich hier übrigens keinesfalls abwertend), der zur Erinnerung an Erlebtes und Gesehenes in erster Linie an schnellen, möglichst scharfen, bunten und kontrastreichen Bildern auf Papier oder fürs Internet interessiert ist. Wenn Sie dagegen eine digitale **Spiegelreflexkamera** kaufen, hält man Sie für einen „echten Amateur", der seine Bilder evtl. ausgiebig nachbearbeiten und auf unterschiedliche Medien hin optimieren will. Diese Kunden sind mit nur schwach oder gar nicht in der Kamera bearbeiteten Bildern – bei denen Schärfung, Sättigung, Kontrast und Komprimierung geringer sind – oft besser beraten. Als Besitzer einer **„Bridge"** sitzen Sie quasi zwischen den Stühlen.

Die meisten Digitalkameras können aber für beide obengenannten Nutzertypen (und die Mischformen) optimiert werden. Dazu kann man in den Grundeinstellungen z.B. den Kontrast, die Farbsättigung und die kamerainterne Schärfung intensivieren oder reduzieren.
Der Einfachheit halber kann man sich merken, dass „Knipser" mit hohen Einstellungen gut zurechtkommen, während „Amateure" diese Werte besser reduzieren.
Bei Kameras, die im **RAW**-Modus die von der Kamera unbeeinflussten Sensordaten aufzeichnen können, nutzen Amateure am besten diesen Bilddateityp, da dann alle Nachbearbeitungen am heimischen Computer an den ursprünglichen (von der Kameraelektronik unverfälschten) Sensorinformationen vorgenommen werden können. Diese Dateien weisen oft einen höheren Kontrastumfang mit feineren Abstufungen für Helligkeiten und Farben auf. Ein besseres Ausgangsmaterial für (auch umfangreiche) Manipulationen an den Bildern gibt es nicht.
Die Gelegenheitsfotografen dagegen sollten als Dateityp besser **JPEG** einsetzen, da das RAW-Format erst umgewandelt werden muss, um daraus Fotos auf Papier oder Bilder fürs Internet oder die Diashow zu gewinnen.

Falls Sie JPEG benutzen, sollten Sie an dieser Stelle auch die Kompression der Bilder und die vorgewählte Pixelzahl kontrollieren. Speicherkarten sind mittlerweile auf das Bild umgerechnet preiswerter als früher das entsprechende Diafilmmaterial (inkl. Entwicklung und Rahmung). Sie sollten an der Stelle nicht unnötig geizen.
Die volle Pixelzahl und möglichst schwache Kompression bieten (nach RAW) die besten Voraussetzungen für Ausschnitte und Großvergrößerungen und lassen auch noch einige Nachbearbeitungsschritte zu.

Das JPEG-Format bietet nicht nur Nachteile. Mit der schnellen Verfügbarkeit dieses weitverbreiteten Dateityps hat es auch einige Vorteile, auf die Sie als RAW-Fotograf aber nicht unbedingt verzichten müssen. Wenn Sie, was bei einigen Kameras möglich ist, RAW **und** JPEG als Speicherformat wählen, können Sie die Bilder später ohne weitere Bearbeitung direkt ausbelichten lassen oder als Diashow am TV ansehen oder an andere weitergeben. Das ist praktisch, wenn Sie im Urlaub nicht Ihren RAW-Konverter zur Verfügung haben. Und trotzdem besitzen Sie zusätzlich die RAW-Daten, z.B. um stärkere Veränderungen von Helligkeit oder Kontrast vornehmen zu können.

TIPP

Passen Sie die Voreinstellungen Ihrer Kamera (Schärfung, Sättigung, Kontrast) direkt beim ersten Einschalten an Ihre Wünsche und Ihr Fotografierverhalten an.

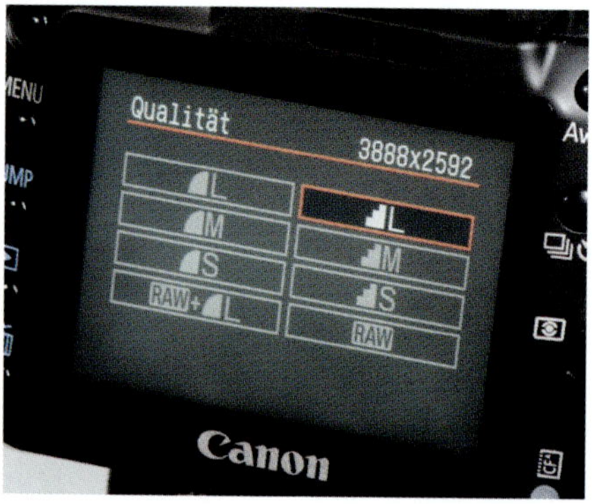

Hier sehen Sie die möglichen Grundeinstellungen zu Dateityp und Kompression bei einer Canon 400D.

1.2 Kameratransport und Sicherung

Die Kamera sollte beim Transport in erster Linie vor zwei Gefahren geschützt werden: zum einen vor Diebstahl, zum anderen vor Beschädigung.
Vor Diebstahl ist die Kamera am besten geschützt, wenn sie unsichtbar, zumindest aber unscheinbar ist. Fototaschen, die durch Form, Farbe oder Größe den Träger als „Profi" ausweisen, rufen viel eher die Begehrlichkeiten unehrlicher Mitmenschen hervor als unscheinbare „Turnbeutel". Breite Kameragurte mit „Digital"-Aufdruck signalisieren auch dem unerfahrenen Gelegenheitsdieb, dass es sich um modernes und damit vermutlich wertvolles Fotogerät handelt.
Diese breite Gurte sind schwer zu bändigen, so dass die Gurte oft im Weg sind. Einen schmalen Gurt dagegen kann man um das Handgelenk schlingen; die Kamera ist so zusätzlich gesichert, und der Gurt muss nicht mehr störend herumhängen.
Diese schmalen Kameragurte, wie sie früher jeder Kamera mitgegeben wurden, kann man oft für wenig Geld in den Wühlecken des Fotohandels finden.

Zum Transport sollte man die Kamera natürlich schützen, doch sollte der Schutz nicht beim schnellen Zugriff zum Fotografieren behindern. Die „Bereitschaftstaschen" früherer Zeiten, die zuverlässig das schnelle Bild verhindern konnten, sind zwar anscheinend „uncool" und sterben glücklicherweise langsam aus. Aber auch andere Behältnisse, die oft nur dazu geeignet sind, die Kamera allein (ohne Zubehör) zu transportieren, können den Zugriff verlangsamen.
Ich packe die Kamera (von Situationen mit widrigen Umweltbedingungen mal abgesehen) immer nur dann in die Tasche oder den Rucksack, wenn ich nicht mehr fotografieren will. In den anderen Situationen versuche ich, sie in den Fotografierpausen so am Körper zu fixieren, dass sie nicht weiter stört und vor allem auch bei schnellen Bewegungen nirgendwo anstoßen kann.
Dazu hänge ich den Gurt über die rechte Schulter und lasse die Kamera mit dem Display vom Körper abgewandt mit dem Objektiv zu meinem Rücken zeigen. Der Gurt ist dabei so kurz, dass die Kamera auf Höhe meines Ellbogens ist, der das Gehäuse dann gegen meine Seite drückt. Da das Display vom Körper abgewandt ist, wird es durch den Ellbogen geschützt. (Vorsicht mit Jacken mit Belüftungen unter den Armen – deren Reißverschlüsse können das Display zerkratzen.)

Das Objektiv liegt auf diese Art beim Transport in meinem Rücken, es ragt nicht an der Seite hervor und kann so auch bei schnellen Drehungen oder ähnlichen Bewegungen nicht gegen Hindernisse stoßen. Auch Objektive mit längerer Brennweite lassen sich auf diese Art einigermaßen sicher transportieren.

So können die Kamera und vor allem das Objektiv nicht so leicht anecken.

1.3 Automatik regeln

Die Belichtungsmessung (und -einstellung) ist neben der Wahl der richtigen Brennweite und Fokussierung eines der wichtigsten technischen Gestaltungsmittel des Fotografen.
Bilder können bewusst zu niedrig (oder zu stark) belichtet werden, sei es, um bestimmte Stimmungen zu erzeugen oder zu intensivieren, sei es, um in Zusammenarbeit mit einer Anpassung in der Bildbearbeitung bessere Ergebnisse als bei vermeintlich optimaler Belichtung zu erzielen (mehr dazu später).
Zum Thema Belichtung kann man ganze Bücher verfassen; in dieser Sammlung von Tipps und Tricks werde ich es nur kurz streifen. Wenn Sie das Thema vertiefen wollen, empfehle ich Ihnen mein Buch „Der große Humboldt Fotolehrgang“. Oder besuchen Sie einen meiner Fotoworkshops (www.fotoschule-ruhr.de).

Die Belichtung steuert in erster Linie die Helligkeit des Bildes. Dazu gibt es zwei „Regler“, die **Blende** und die **Belichtungszeit**. Vereinfacht kann man den Vorgang mit dem Füllen eines Wasserglases

vergleichen: Je weiter der Wasserhahn geöffnet wird, d.h. je stärker der Zufluss ist, desto kürzer ist die Zeit, die zum Füllen des Glases benötigt wird – und umgekehrt. Entsprechend verhält es sich bei der Belichtung: Je schwächer der Lichtzufluss, desto länger die benötigte Belichtungszeit.
Die Helligkeit des Motivs können wir mit dem Wasserdruck in der Leitung vergleichen. Ist es sehr hell, ist also der „Wasserdruck" des Lichtes hoch, gelangt bei gleicher Öffnung des Wasserhahnes (der Blende) mehr Licht zum Sensor. Gehen wir im Folgenden der Einfachheit halber davon aus, dass sich die Motivhelligkeit nicht ändert.

Die zufließende Lichtmenge können Sie mit der sogenannten Blende regeln. Je weiter diese geöffnet ist, desto intensiver gelangt das Licht in den Fotoapparat. Eine weite Öffnung wird durch eine niedrige Blendenzahl angezeigt, Blende 2 ist deshalb viel weiter geöffnet als Blende 22. Die Skala der klassischen Blendenzahlen reicht von weit jenseits der 32 bis unter die 1.
... – 1 – 1.4 – 2 – 2.8 – 4 – 5.6 – 8 – 11 – 16 – 22 – 32 – ...
Bei jedem Sprung nach rechts halbiert sich die Lichtmenge. Vorsicht, die meisten Digitalkameras zeigen nicht nur diese vollen Stufen, sondern auch halbe und Drittelstufen an (achten Sie auf die Zahlenwerte). Um die Lichtmenge zu halbieren, müssen Sie dann zum Einstellen die Blende um drei Drittelschritte schließen.

Je stärker der Zufluss des Lichtes zum Sensor, desto kürzer muss es sich für eine richtige Belichtung auswirken. Eine weite Öffnung (niedrige Blendenzahl, statt 11 z.B. 8) führt so zu einer kurzen Belichtungszeit, eine kleine Öffnung zu einer langen.
Auch die Belichtungszeit wird so angegeben, dass von einem vollen Wert zum nächsten die Lichtmenge halbiert bzw. verdoppelt wird. Sie wird in (Bruchteilen von) Sekunden angegeben, von jenseits der vollen Sekunde bis hin zu kleinsten Bruchteilen.
.... 1 – _ –1/4 – 1/8 – 1/15 – 1/30 – .... – 1/4000 – 1/8000 – ....
Meist werden die Zahlen aber nicht als Bruch geschrieben, so dass man nur den Nenner des Bruchs zu sehen bekommt. So lautet die Reihe von der recht langen 1/15- bis zur sehr kurzen 1/8000-Sekunde:
... – 15 – 30 – 60 – 125 – 250 – 500 – 1000 – 2000 – 4000 – 8000 – ...
Vorsicht: Auch die Belichtungszeiten werden von den meisten Kameras in halben oder Drittelschritten angezeigt, auch hier müssen Sie zum Einstellen drei Drittelschritte gehen, um die Lichtmenge zu halbieren.

Sie können also mit unterschiedlichen Blenden- und Zeiteinstellungen die gleiche Belichtungsintensität auf dem Aufnahmesensor der Kamera erzielen: Mit weit geöffneter Blende und kurzer Zeit kommt genauso viel Licht an wie mit geschlossener Blende und entsprechend verkürzter Belichtungszeit.
Die Lichtmenge ist auf diese Art die gleiche, aber das Ergebnis ist unterschiedlich. Denn durch die Veränderung der Blende verändert sich auch die **Schärfentiefe**. Mehr dazu auf Seite Seite 27.
Und auch die Belichtungszeit beeinflusst mehr als nur die Helligkeit des Bildes (Zum Thema **Bewegungsunschärfe** und **Verwacklung** siehe Seite Seite 21).

Wann ist das Bild **richtig belichtet**? Der Belichtungsmesser der Kamera (der auch die Grundlage für die automatische Belichtungseinstellung ist) geht von einem Motiv mit durchschnittlicher Helligkeit aus. Ob in dem Motiv einzelne Bereich nach oben der unten abweichen, ist dabei egal, solange die Summe der Helligkeiten in etwa „mittelhell" ist. Der Belichtungsmesser gibt dann Werte an, die im Ergebnis zu einem mittelhellen Bild führen. Wenn der Durchschnitt der Motivhelligkeiten diesem „Mittelhell" entspricht, kommt der Belichtungsmesser in der Regel zu guten Ergebnissen.

Weicht das Motiv aber von den Vorgaben ab, so wird der Belichtungsmesser falsche Werte liefern. Egal, ob das Motiv „Weiß in Weiß" (Schneeaufnahme, Detail eines Brautkleides, Wolkenformation etc.) oder „Schwarz in Schwarz" ist – der Belichtungsmesser gibt Werte für ein mittelhelles Ergebnis. Im einen Fall ist das Foto also zu dunkel, im anderen Fall zu hell.

Früher, zu analogen Zeiten, war es ziemlich schwer, die Belichtung zu beurteilen, weil die (oft auch noch nachträglich vom Labor beeinflussten) Ergebnisse erst nach mehreren Tagen oder gar Wochen vorlagen. Heutzutage, mit den Mitteln der Digitalfotografie, geht das viel schneller und besser.
Zum einen zeigt Ihnen schon das Display das Belichtungsergebnis, zum anderen helfen Ihnen bei vielen Kameras die **Clipping-** oder die **Histogrammanzeige.**

Erstere zeigt Ihnen durch Blinken die reinweißen (und bei manchen Kameras zusätzlich die reinschwarzen) Bildbereiche, also die Stellen, die im fertigen Bild ohne Zeichnung schwarz bzw. weiß sind. Bei einer Lampe oder der Sonne ist es nicht schlimm, wenn sie reinweiß

werden. Ein Brautkleid oder eine von der hinter Ihnen stehenden Sonne beleuchtete Schönwetterwolke dagegen sollte nicht struktur- und zeichnungslos im einheitlichen Weiß untergehen.
Davor warnt Sie diese Clippinganzeige, die solche reinweißen Stellen mit Blinken markiert.
Um die Belichtung zu korrigieren, können Sie das Bild bewusst um eine oder mehrere Stufen (Zeit- und/oder Blendenstufen) unterbelichten, damit die Zeichnung, d.h. die Struktur im hellen Bereich, erhalten bleibt. Mittlere und dunklere Helligkeiten werden dann natürlich auch dunkler, doch können Sie diese in der Bildbearbeitung nachträglich selektiv anheben.
Die ganz dunklen Bereiche, die durch die „Unterbelichtung" im zeichnungslosen Schwarz verschwunden sind, lassen sich aber auch mit der Bildbearbeitung nicht retten. Die meisten Betrachter kommen jedoch mit solchen „zugelaufenen" Schatten besser zurecht als mit „ausgefressenen" Lichtern, so dass diese Konsequenz der bewussten „Unterbelichtung" meist nicht so schlimm ist.

Das zweite Hilfsmittel, die Belichtung zu beurteilen, ist das **Histogramm**. Damit können Sie die Helligkeitsverteilung im Bild recht genau ablesen. Von ganz links – schwarz – bis ganz rechts – weiß – werden die (Flächen-)Anteile jeder Helligkeitsstufe am fertigen Bild in Form eines Diagramms angezeigt. Berge bedeuten, dass viele Pixel die dazugehörige Helligkeit haben, Täler deuten auf eine geringe Häufigkeit des dazugehörigen Tonwerts hin.
Wenn Sie im Motiv alle Helligkeiten von Schwarz bis Weiß haben, aber im Histogramm die Anzeige erst bei mittleren Werten beginnt und sich zum Rand hin starke Spitzen zeigen, ist das Bild entweder unterbelichtet (Spitzen links, leere Bereiche rechts) oder überbelichtet (Spitzen rechts, leere Bereiche links).

TIPP

Die Kamera gibt Ihnen verschiedene Hilfen an die Hand, um die Belichtung zu beurteilen. Nutzen Sie diese Mittel. Denn so lernen Sie am schnellsten, Ihre Bilder auch „gegen die Automatik" richtig zu belichten.

v.l.n.r.: 2 Stufen unterbelichtet, richtig belichtet, 2 Stufen überbelichtet

1.4 Manuell steuern

Wenn die Helligkeit nach der Anzeige im Display, nach Clipping oder nach Histogramm von Ihren Wünschen abweicht, können Sie das in den verschiedenen Belichtungsautomatiken durch die Eingabe von Korrekturwerten regulieren.

Aber bei jeder Veränderung der durchschnittlichen Helligkeit des von Ihnen fotografierten Motivbereichs (z.B. weil Sie beim Foto des Brautpaares mal etwas mehr von der Braut im weißen Kleid und mal etwas mehr vom Bräutigam im dunklen Anzug im Bild haben) reagiert die Automatik auf die geänderte durchschnittliche Helligkeit mit unterschiedlichen Einstellungen, die alle unterschiedlich stark vom eigentlichen Optimum abweichen.

Das Optimum im obengenannten Beispiel wäre wohl ein möglichst helles, aber nicht reinweiß ausgefressenes Brautkleid. Kommt mehr vom Bräutigam (dunkel) ins Bild, steuert die nach mittelhell strebende Automatik mit intensiverer Belichtung gegen; kommt mehr von der Braut (hell) ins Bild, reguliert die Automatik in Richtung minus. Im ersten Fall würde das Kleid zu hell, ausgefressene Stellen wären das Ergebnis, im zweiten Fall wäre das Kleid nur grau.

Beides ist unerwünscht, und so müsste bei Automatikeinsatz jedes Bild einzeln mit einem unterschiedlichen Korrekturwert so angepasst werden, dass das Brautkleid zwar recht hell, aber nicht ausgefressen ist.

Die Automatik ist in solchen Situationen alles anders als einfach und schnell, es ist stattdessen eine ständige Überprüfung und Korrektur nötig.

Sie können das Problem leicht erfassen, wenn sie eine weiße, eine graue und eine schwarze Pappe formatfüllend fotografieren. Alle

drei Bilder werden von der Automatik ohne Korrektur in etwa der gleichen Helligkeit abgebildet, doch nur die mittelgraue Pappe ist richtig belichtet.
Wenn Sie in so einem Fall nicht die Automatik nutzen, sondern einfach nur die Belichtung manuell fest einstellen, können Sie ohne weitere Korrektur ganz unterschiedliche Ausschnitte fotografieren und trotzdem immer das Bild so belichtet haben, dass das Brautkleid zwar hell, aber nicht ausgefressen ist.
Mit solch einer festen Einstellung der Belichtung können Sie in vielen Situationen „automatischer" fotografieren als mit der Belichtungsautomatik; denn erst wenn die Beleuchtung sich ändert, müssen Sie neu messen und einstellen.
Wenn möglich stellen Sie die Belichtung (inkl. Überprüfung der Einstellung per Testbild und Kontrolle der Clippinganzeige bzw. des Histogramms) immer dann neu ein, wenn sich die Beleuchtung ändert und Sie eventuell bei dieser Beleuchtung fotografieren wollen.
So kann dann nach dieser Vorratsmessung und -einstellung schon der erste „Schuss" sitzen, während die Automatik dann noch kräftig daneben liegen kann.

Um die richtige Belichtung manuell einzustellen, können Sie die von der Automatik eingestellten Werte testweise im M-Modus übernehmen. Oder Sie versuchen direkt, die passenden Kombinationen von Zeit und Blende durch die Anzeige des Belichtungsmessers zu ermitteln. Zeigt dieser Belichtungsmesser auf „0", haben Sie den Wert eingestellt, der nach seiner Messung zu einem richtigen (also mittelhellen) Ergebnis führt.
Ist Ihr Motiv im Durchschnitt aber heller als „mittelhell", sollte auch das Bild heller werden. Sie können also gleich die Belichtungseinstellung in Richtung plus anpassen, zum Beispiel auf „+1". Umgekehrt können Sie vorgehen, wenn Ihr Motiv im Durchschnitt dunkler als „mittelhell" ist und das Bild deshalb auch dunkler sein soll.
Wenn Sie auf diese Art ein Wertepaar für Zeit und Blende ermittelt haben, können Sie je nach gestalterischen Vorlieben daraus auch andere Wertepaare ableiten. Wenn Sie die Blende weiter schließen wollen, müssen Sie die Belichtungszeit entsprechend verlängern; wenn Sie lieber eine kürzere Zeit hätten, müssen Sie die Blende öffnen.
Welchen Einfluss das auf die Gestaltung hat, sehen wir in den nächsten Tipps, zuerst auf die Belichtungszeit, dann auf die Schärfentiefe bezogen.

TIPP

Vorratsmessung der Belichtung und entsprechende feste (manuelle) Einstellung der Werte erhöhen die Chance auf einen Treffer schon beim ersten Bild.

1.5 Bewegungsdarstellung beeinflussen

Mit der Belichtungszeit können Sie die Wiedergabe von Bewegung im Bild steuern. Kurze Zeiten frieren auch schnelle Bewegungen ein, lange Belichtungszeiten können auch langsame Bewegungen rasant aussehen lassen.

Aus der Skala der Belichtungszeiten können Sie viele verschiedene nutzen. Sie müssen nur je nach Beleuchtung Ihres Motivs im Ausgleich die Blende öffnen oder schließen (oder die Empfindlichkeit, die ISO-Einstellung der Kamera, anpassen).
Wenn Ihre Belichtungsmessung Blende 11 und 1/125 ergab, können Sie genauso gut die Zeit um zwei volle Stufen über 1/60 auf 1/30 verlängern, müssen dann aber statt Blende 11 den Wert über Blende 16 auf Blende 22 verändern. Zum Ausgleich der längeren Belichtung schließen Sie die Blende um zwei Stufen. Nun haben Sie eine recht lange Belichtungszeit, bei der ein durch das Bild fahrender Radfahrer je nach Abstand und tatsächlicher Geschwindigkeit ziemlich verwischt aussehen kann. Das wirkt dann, als sei er sehr schnell unterwegs gewesen.

In der gleichen Situation könnten Sie aber auch die Belichtungszeit von 1/125 über 1/250, 1/500, 1/100, 1/2000 um fünf Stufen auf 1/4000 verkürzen. Zum Ausgleich müssen Sie dann die Blende um fünf Stufen öffnen, also von Blende 11 auf 8, 5.6, 4, 2.8, und schlussendlich Blende 2. Dann ist die Belichtungszeit so kurz, dass der Radfahrer auf der Stelle zu stehen scheint. Durch solche kurzen Belichtungszeiten können Sie auch schnelle Bewegungen einfrieren.

TIPP

Mit der Belichtungszeit steuern Sie in erster Linie die Wiedergabe von Bewegung; soll eine schnelle und womöglich auch noch nahe Bewegung im Bild scharf eingefroren sein, benötigen Sie eine kurze Belichtungszeit.

1.6 Verwacklung verhindern

Auch die Erkennbarkeit einer (ungewollten oder gewollten) Kamerabewegung wird durch die Belichtungszeit beeinflusst. Je länger die Zeit wird, desto schneller werden die Aufnahmen verwackelt.
Wenn während der Belichtung die Kamera selber (wenn auch nur ganz leicht) bewegt wird, fällt das Licht von einem Punkt des Motivs nicht nur auf einen Punkt des Sensors (oder Films), sondern bewegt sich über einen Bereich. So kann kein scharfes Abbild entstehen.

Beim manchen Sportaufnahmen kann eine besondere Art des Verwackelns bewusst eingesetzt werden, um per „Mitzieher" das Hauptmotiv scharf, den unbewegten Hintergrund aber unscharf zu haben. Doch meist sind „Verwackler" unerwünscht. Deshalb ist es wichtig, die Grenze des Verwackelns zu kennen.
Je nach Situation kann die Zeit, bei der man verwackelt, unterschiedlich sein. Neben den „weichen" Faktoren wie Kamerahaltung und körperlicher Verfassung (nach einem 100-m-Sprint ist es schwieriger, die Kamera ruhig zu halten) spielen auch „harte" eine Rolle.
Am wichtigsten ist dabei die **Brennweite** bzw. der abgebildete **Bildwinkel**. Je kleiner dieser abgebildete Ausschnitt des Motivs, desto stärker werden Details vergrößert. Und je größer die Bilddetails werden, desto stärker macht sich deren Unschärfe durch das Verwackeln bemerkbar. Je enger also der Bildwinkel ist („Tele", „ranzoomen"), desto schneller verwackelt man.
Dieser Bildwinkel ist bei gleichem Bildformat abhängig von der Brennweite. Bei Aufnahmen auf das in der analogen Zeit weit verbreitete Kleinbildformat nahm man die Brennweite und bildete den **Kehrwert** (aus 24 mm Brennweite wurde 1/24, aus 180 mm Brennweite 1/180). Das war die jeweils längste Zeit, die man unter normalen Bedingungen noch ohne Verwackeln belichten konnte. Auf diese Art hat man früher die Brennweite zur Berechnung der Verwacklungsgrenze heranziehen können.

Da die Digitalkameras aber oft kleinere Sensoren als das Kleinbildformat haben, wirken sich die Brennweiten hier mit einem unterschiedlichen Bildwinkel aus. Um dies zu berücksichtigen, muss man die tatsächliche Brennweite vor der Kehrwertbildung mit dem sogenannten **Cropfaktor** multiplizieren; man erhält dann die „kleinbildäquivalente" Brennweite. Der Cropfaktor beträgt bei den meisten digitalen Spiegelreflexkameras 1,5, mit Ausnahme von Canon

(1,6) und Olympus (2,0). Einzig die Werte der wenigen digitalen „Vollformatkameras“ braucht man nicht zu korrigieren.
Bei digitalen Kompakt- und Bridgekameras sind Werte zwischen 2 und 8 möglich, da hilft nur noch ein Blick in die technischen Angaben des Herstellers.

Und was kann man tun, wenn die Zeit länger wird als der Kehrwert der „kleinbildäquivalenten“ Brennweite?
Dann gibt es verschiedene Möglichkeiten: Sie können die Blende öffnen und/oder die Empfindlichkeit der Kamera erhöhen und/oder mehr Licht auf das Motiv geben (evtl. per Blitz), um eine kürzere Belichtungszeit zu erhalten.
Wenn das aber nicht geht und sich an der Belichtungszeit nichts ändern lässt, müssen Sie versuchen, die Kamera so ruhig zu halten wie möglich.
Eine gute **Haltung der Kamera** ist wichtig. Bei den Spiegelreflextypen sollten Sie versuchen, das Objektiv in die linke Handfläche zu legen, so dass Daumen und Zeigefinger vom Körper weg zeigen und die vorderen Bereiche des Objektivs umfassen können. Mit der rechten Hand halten Sie dann den rechten Teil der Kamera, der oft schon wie ein Handgriff ausgebildet ist. Für ein Hochformat drehen Sie die Kamera einfach (von hinten gesehen) gegen den Uhrzeigersinn in der linken Hand, so das die rechte Hand jetzt nach oben wandert.
Wenn Sie dann noch die Ellbogen an den Körper nehmen, mit leicht gespreizten Beinen stehen und während des ruhigen Ausatmens den Auslöser sanft drücken, können Sie womöglich ein oder zwei Zeitstufen gewinnen.
Sie können auch versuchen, die Kamera irgendwo abzulegen oder abzustützen, am besten natürlich mit Hilfe eines stabilen Stativs.

Einige andere Wege, z.B. die Kamera zu fixieren, finden Sie in den folgenden Tipps und Tricks.

TIPP

Die Belichtungszeit sollte ohne Stativ nicht länger als der Kehrwert der „kleinbildäquivalenten“ Brennweite (Brennweite mal Cropfaktor) sein, sonst droht Verwacklung.

1.7 Beanbag

Statt eines Stativs kann man sich oft auch mit einem sog. Beanbag behelfen. Dabei handelt es sich um einen flachen Stoff- oder Lederbeutel, der mit Bohnen oder Reis oder Bucheckern oder Sand oder ... gefüllt wird. Die Abmessungen sollten so gewählt werden, dass die Kamera sich bequem darauf ablegen lässt. Der Beutel darf nicht prall gefüllt werden, damit die Kamera in den Beutel hineingedrückt und auf diese Art ausgerichtet werden kann. Wenn das Füllmaterial klein, aber rau ist, behält der Beutel die Form bei, die Kamera lässt sich dadurch ausrichten und behält die Position ohne zu verwackeln bei.

TIPP

Urlaubstipp
Bei Reisen kann man den Beutel platz- und gewichtsparend ohne Füllung mitnehmen und ihn erst an Ort und Stelle wieder befüllen.

Im Notfall und mit etwas Phantasie kann man sogar die Improvisationslösung Beanbag improvisieren.

1.8 Fadenstativ

Eine weitere Alternative zum klassischen Stativ mit etwas anderen Anwendungsfällen als der Beanbag ist das Fadenstativ. Dazu muss an einer Stativschraube – oder im Notfall mit einer Schlaufe um das Objektivbajonett – ein Bindfaden befestigt werden. Diese Schnur muss dann so lang sein, dass Sie bei ausgerichteter Kamera mit einem Fuß auf das andere Ende treten können. Wenn Sie die Kamera dann vorsichtig gegen das Band drücken, können Sie sie so stabilisieren. Mit etwas Übung kann man auf diese Art die längstmöglichen Belichtungszeiten um zwei oder drei Stufen steigern. Wenn man zwei Fäden anbringt und die Enden mit beiden Füßen fixiert, ist die Kamera sogar in zwei Richtungen stabilisiert.

Ein Fadenstativ kann man, siehe nächste Abbildung, um das Objektiv legen. Die etwas elegantere Lösung besteht in einer Stativschraube mit Öse, wie sie zu einigen Wechselplatten gehören.

Eine Abwandlung des Fadenstativs nutzt den Tragegurt der Kamera. Legen Sie sich diesen um den rechten Unterarm und Ellbogen und spannen Sie damit die Kamera gegen die rechte Hand.

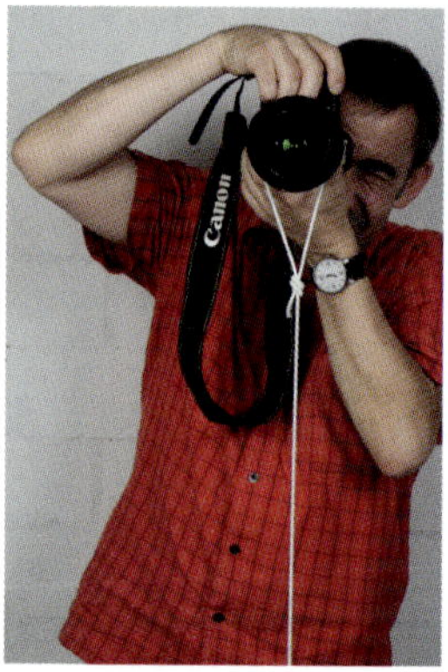

Wenn keine Möglichkeit besteht, die Schnur am Stativgewinde zu befestigen, können Sie sie um das Objektiv legen. Bei Kompaktkameras legen Sie die Schnur evtl. besser um das Kameragehäuse.

1.9 Dauerfeuer kontra Verwackeln

Als Gegenmaßnahme gegen das bei längeren Belichtungszeiten drohende Verwackeln gibt es verschiedene Verfahren, die zum Teil in den vorhergehen Tipps erklärt wurden. Doch was tun, wenn Sie all das nicht zur Verfügung haben oder nicht anwenden können?
Dann können Sie versuchen, die Kamera auf „Dauerfeuer“ umzuschalten.

Wenn die Kamera im Einzelbildmodus ist, muss für jedes Bild der Auslöser neu gedrückt werden. Und jedes Drücken des Auslösers erhöht die Gefahr einer unerwünschten Kamerabewegung.
Wenn die Kamera dagegen im **Serienbildmodus** ist, also auf Dauerfeuer steht, können Sie den Auslöser gedrückt halten, und die Kamera löst weiter ununterbrochen aus, bis der Speicher voll ist. Auf diese Art können Sie mehrere Bilder hintereinander schießen, ohne dass der Auslöser immer wieder neu gedrückt werden muss. Die Kamera können Sie so ruhiger halten, unbeabsichtigte Bewegungen werden vermieden, und die Wahrscheinlichkeit, dass eines der Bilder aus der Serie unverwackelt ist, steigt.

TIPP

Mit einer schnellen Bildserie steigt die Chance auf ein trotz langer Belichtungszeiten unverwackeltes Bild.

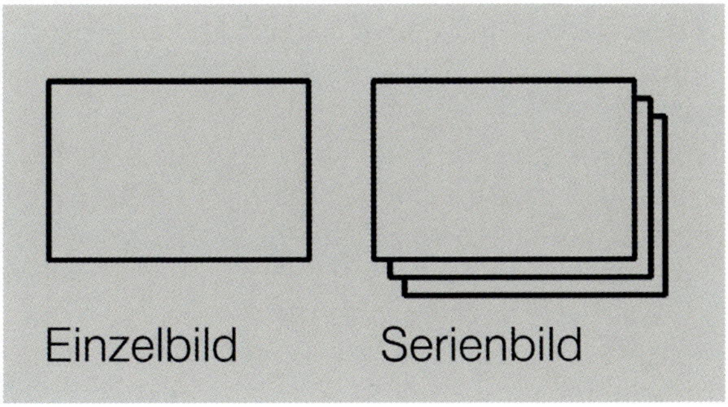

1.10 Fernauslöseranschluss selbst bauen

Bei langen Belichtungszeiten benötigen Sie nicht nur einen stabilen Halt für die Kamera. Sie müssen Sie auch möglichst erschütterungsfrei auslösen.
Früher konnte man dazu an fast allen Kameras einen Drahtauslöser anschließen, doch die entsprechenden Buchsen sind vielfach weggefallen.
Einige Hersteller packen ihren Kameras Ersatz in Form von infrarotgesteuerten Fernauslösern bei, doch das ist leider die Ausnahme. Die meisten bieten (oft nur kabelgebundene) Fernauslöser im Zubehör an, zu recht hohen Preisen. Man kann zwar über das Internet Produkte von nicht markengebundenen Anbietern beziehen, aber nicht für jedes Kameramodell. Und angesichts des Preises lohnen sie sich nur, wenn man den Fernauslöser häufig einsetzt.
Für einige Kompaktkameras gibt es so überhaupt keine Fernauslöser. Aber man kann sich selbst einen bauen: mit etwas Gummiband, dem Verschluss einer Plastikflasche, einem kleinen Handbohrer, Heißkleber und einem alten Drahtauslöser.

TIPP

Bauen Sie sich doch einen alten Drahtauslöser um. Mit etwas Phantasie lassen sich damit auch die modernsten Kameras auslösen.

1.11 Selbstauslöser einsetzen

TIPP

Sollten Sie den Fernauslöser einmal vergessen haben, verwenden Sie den Selbstauslöser, den die meisten Kameras besitzen, manche sogar mit unterschiedlichen Vorlaufzeiten.

Stellen Sie die Kamera auf Selbstauslöser ein (er wird meist durch eine Art Uhrsymbol dargestellt). Falls Sie aus unterschiedlichen Vorlaufzeiten wählen können, dürfen Sie meist ruhig die kürzere (2 Sekunden) wählen. Dadurch ist die Veränderung im Motiv zwischen Druck des Auslösern und Entstehung des Fotos nicht so groß.
Richten Sie die Kamera mit dem (improvisierten?) Stativ aus und drücken Sie den Auslöser, möglichst ohne die Kamera zu bewegen.

Nun läuft die Vorlaufzeit ab, oft signalisiert durch ein (gelegentlich leider recht störendes) rotes Blinklicht an der Vorderseite des Fotoapparates, bis dann die Aufnahme erfolgt.

1.12 Schärfentiefe steuern

Die Schärfe im Bild liegt je nach gewählter Blende und Brennweite nicht nur in einem schmalen Streifen im Motiv, sie kann sich auch über einen großen Entfernungsbereich von vorn nach hinten erstrecken. Diese Ausdehnung der Schärfe wird (bei sonst unveränderten Bedingungen) über die Blende gesteuert. Ist die Blende weit geöffnet, ist die Schärfentiefe klein, ist sie stark geschlossen, ist der Bereich der Schärfentiefe groß. Bei Blende 2 ist die Schärfentiefe also kleiner als bei Blende 22.

Auch die Brennweite hat einen Einfluss auf die Schärfentiefe: Bei langen Brennweiten („Teleobjektiv“) ist die Schärfentiefe kleiner als bei kurzen Brennweiten („Weitwinkel“).
Die Aufnahmeentfernung hat ebenfalls Einfluss auf die Schärfentiefe, je näher man dem fokussierten Hauptmotiv kommt, desto geringer ist die Schärfentiefe.
Die Sensor- oder Filmgröße ist ein weiterer Faktor, der die Schärfentiefe regelt. Je kleiner der Sensor ist, desto größer ist auch die Schärfentiefe.

Bei den kompakten Digitalkameras ist der Sensor oft sehr klein. Die Schärfentiefebereiche sind deshalb sehr groß und die Übergänge zwischen scharf und unscharf in der Regel sehr weich.
Mit diesen Kameras ist es schwer, ein scharf dargestelltes Objekt vor einem komplett unscharfen (und damit nicht mehr vom Hauptobjekt ablenkenden) Hintergrund abzulichten. Diese klassische Technik für Porträts lässt sich mit diesen Kameras nicht so ohne weiteres umsetzen.
Dafür kann man aber Makrofotos mit riesigem Schärfetiefenbereichen machen, wie sie früher undenkbar waren. Diese einfach zu erreichenden Schärfetiefen führten vor einigen Jahren zu einem wahren Boom in der Makrofotografie.

Doch wie groß ist nun die Schärfentiefe? Während man früher an fast jedem Objektiv diese Bereiche ablesen konnte, sind die entsprechenden Skalen in der Zeit der Autofokusfotografie im Aussterben begriffen. Man findet sie nur noch an ganz wenigen Objektiven. Doch es gibt Hilfen, die in den folgenden Tipps beschrieben werden.

TIPP

Schärfentiefe

Groß ⟷	Klein
Blende schließen ⟷	Blende öffnen
Weit weg ⟷	Nah dran
Weitwinkel ⟷	Tele
Kleiner Sensor ⟷	Großer Sensor

Der Übergang von scharf zu unscharf kann sehr abrupt oder auch langsam fließend sein; bei kurzen Brennweiten und/oder kleinen Sensoren und/oder stark geschlossenen Blenden ist der Übergang viel weicher. Dass gerade diese Art des Übergangs für die Bildgestaltung von großer Bedeutung ist, wird von vielen Fotointeressierten beim Einsatz der Hilfsmittel übersehen.

Leider lässt sich dieser Übergang nicht in der Tabelle ablesen. Sie werden also auch mit perfekt berechneten Schärfentiefeskalen nicht um das Sammeln eigener Erfahrung herumkommen.

1.13 Abblendtaste

Bei den digitalen Spiegelreflexkameras wird die Blende erst im Moment der Aufnahme auf den für das Bild gewählten Wert geschlossen.

Vorher ist das Sucherbild wegen der ganz geöffneten Blende zwar schön hell, aber man kann die Schärfentiefe nicht beurteilen. Viele Kameras besitzen deshalb eine sogenannte Abblendtaste. Wenn Sie diese drücken, wird die Blende auf den Aufnahmewert geschlossen, und Sie können im Sucher die Ausdehnung der Schärfe erahnen. Zu Anfang fällt es dabei schwer, die Veränderung im Sucher, der sich stark verdunkelt, zu erkennen.

Fokussieren Sie deshalb zum Ausprobieren ein hell beleuchtetes und einzeln stehendes Motiv im nahen Vordergrund vor einem weit entfernten ebenfalls hell beleuchteten Hintergrund an (z.B. an einem sonnigen Tag einen einzelnen ins Bild hängenden Ast mit Blättern in 0,5 m bis 1 m Entfernung vor einem Baum in 10 m Entfernung).

Schließen Sie die Blende auf 16 oder gar 22. Drücken Sie nun die Abblendtaste und beobachten Sie den Hintergrund, der schärfer als vorher abgebildet werden sollte.

Aufgrund der Abdunklung des Sucherbildes und der geringen Vergrößerung im Sucher kann man die Schärfentiefe so aber nur erahnen. Man sieht die Wirkung der Schärfentiefe, doch die präzisen Grenzen des scharfen Bereiches sind nicht zu erkennen.

Mit der Abblendtaste können Sie im Sucher einer Spiegelreflexkamera die Wirkung der Schärfentiefe erahnen, die genauen Scharf-/Unscharfgrenzen lassen sich damit aber nicht erkennen.

1.14 Schärfentieferechner

Im Internet finden Sie an unterschiedlichen Stellen kleine Programme, die anhand einiger Angaben die exakten Grenzen des Schärfentiefebereichs berechnen. Aber Vorsicht, nicht alle dieser Rechner sind für alle Kameraarten (oder besser: Sensorgrößen) geeignet.
Mit der passenden Formel können Sie das in einer Tabellenkalkulation aber auch selber berechnen.

NAHPUNKT DER SCHÄRFENTIEFE:

$$\frac{\text{Brennweite}^2 \times \text{Entfernung}}{\text{Brennweite}^2 + (\text{Blende} \times \text{Zerstreuungskreis} \times (\text{Entfernung} - \text{Brennweite}))}$$

Beispiel*:

$$\frac{50^2 \cdot 5000}{50^2 + (11 \cdot 0{,}017 \cdot (5000 - 50)} = \frac{12500000}{3425{,}65} = 3648{,}94254 \text{ (entsptricht ca. 3,65 m)}$$

FERNPUNKT DER SCHÄRFENTIEFE:

$$\frac{\text{Brennweite}^2 \times \text{Entfernung}}{\text{Brennweite}^2 - (\text{Blende} \times \text{Zerstreuungskreis} \times (\text{Entfernung} - \text{Brennweite}))}$$

Beispiel*:

$$\frac{50^2 \cdot 5000}{50^2 - (11 \cdot 0{,}017 \cdot (5000 - 50)} = \frac{12500000}{1574{,}35} = 7939{,}78467 \text{ (entspricht ca. 7,94 m)}$$

* Brennweite 50 mm, Entfernung 5000 mm, Zerstreuungskreis 0,03 mm, Blende 11): Die Schärfentiefe reicht bei einem Zerstreungkreis von 0,017 mm (für Digitalkamera mit Crop 1,5 bzw 1,6 bei hohem Schärfeanspruch geeignet) einem Aufnahemabstand von 5 m (5000 mm) und Blende 11 von 3,65 m bis 7,94 m.

Der Zerstreuungskreis ist abhängig von der Sensorgröße und beträgt bei Kleinbild ungefähr 0,03 mm. Bei digitalen Spiegelreflexkameras beträgt er 0,02 mm (1,5er Crop) bzw. 0,0185 mm (1,6er Crop).

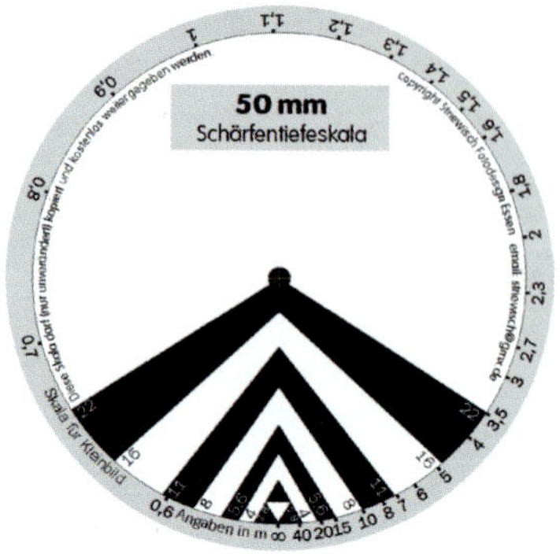

TIPP

Adressen für eine Auswahl von Schärfentieferechner finden Sie auf der Website zu diesem Buch (http://www.fotolehrgang.de/100tippsundtricks/index.php)

1.15 Schärfentiefeskalen

Für den Einsatz an Ort und Stelle sind solche Rechner eher ungeeignet, denn wer hat schon immer einen Computer dabei? Stattdessen setzt man in solchen Situationen häufig Tabellen ein, die man zum Teil bei den oben angeführten Rechnern herunterladen und ausdrucken kann. Eine derartige Tabelle ist nicht besonders gut abzulesen, deshalb bevorzuge ich Rechenscheiben. Solche Rechenscheiben für unterschiedliche Kameratypen (Cropfaktor 1, 1,5, 1,6 und 2) können Sie sich von der Website zu diesem Buch laden.

TIPP

(http://www.fotolehrgang.de/100tippsundtricks/index.php)

1.16 Nicht weiter abblenden als nötig

Aus den vorherigen Tipps könnte man den Eindruck gewinnen, dass man die Blende am besten so weit wie möglich schließt, wenn man viel Schärfentiefe will. Doch das wäre falsch.
Durch das Schließen der Blende schleicht sich eine gleichmäßige Unschärfe ins Bild, die sogenannte **Beugungsunschärfe**. Meist beginnt sie hinter den „mittleren" Blenden, im Bereich digitaler Spiegelreflexkameras also jenseits der 11 oder 16.

Doch wenn die Sensoren sehr klein und die Brennweiten sehr kurz werden, kann die Beugung schon früher stören. Viele digitale Kompaktkameras lassen sich deshalb nicht weiter als bis Blende 8 abblenden.

> **TIPP**
>
> Wenn Sie zum Beispiel für eine Landschaftsaufnahme die maximale Schärfeausdehnung benötigen, sollten Sie die hyperfokale Distanz nutzen.

Bei der Einstellung auf die **hyperfokale Distanz** (von der gewählten Brennweite und Blende abhängig) reicht die Schärfe von unendlich bis möglichst weit vorn.
Auf den Rechscheiben können Sie die hyperfokale Distanz ablesen, wenn Sie die Marke für den Ferngrenzbereich der eingestellten Blende über die Unendlichkeitsmarke stellen. Unter der Einstellmarkierung für die Entfernung können Sie dann die in diesem Fall nötige Entfernungseinstellung ablesen. Und die Marke für den Nahgrenzbereich der eingestellten Blende zeigt Ihnen, wie weit die Schärfe nach vorn reicht.

1.17 Empfindlichkeit

Neben der Einstellung von Blende und Belichtungszeit hat auch die Empfindlichkeit der Kamera bzw. des Sensors einen Einfluss auf die Belichtung, die Helligkeit des Bildes.
Während aber mit den Veränderungen von Belichtungszeit und Blende unterschiedliche durchaus wünschenswerte Folgen (z.B. für Bewegungsunschärfe und Schärfentiefe) im Bild einhergehen, führt eine Erhöhung der Empfindlichkeit immer nur zu mehr Rauschen im Bild. Das ist fast nie als gestalterisches Mittel erwünscht und ließe sich, falls es doch einmal nötig sein sollte, auch nachträglich noch einarbeiten.
Deshalb kann man bei der Empfindlichkeit eine einfache Regel aufstellen: Sie sollte so niedrig wie möglich sein.

Die Empfindlichkeit sollten Sie nur dann erhöhen, wenn Sie beim vorhandenen Licht Probleme mit einer zu langen Belichtungszeit (Verwacklung bzw. eine für Ihren Bildwunsch unerwünschte verwischte Bewegung) oder mit einer zu großen Blendenöffnung haben (eine für Ihren Bildwunsch zu geringe Schärfentiefe).
Die Empfindlichkeit wird in ASA (ISO) angegeben und beginnt an Digitalkameras meist mit 50, 100 oder 200. Jede Verdopplung des Zahlenwerts verdoppelt die Empfindlichkeit und ermöglicht es, bei gleicher Helligkeit die Belichtungszeit um eine volle Stufe (drei Drittelstufen)

zu kürzen bzw. die Blende um eine volle Stufe (drei Drittelstufen) zu schließen. Wenn bei ISO 100 das Wertepaar 1/500 und f8 (Blende 8) lautet, können Sie bei ISO 200 1/1000 und f8 oder 1/500 und f11 einstellen, um die gleiche Bildhelligkeit zu erhalten.

Wenn Ihnen in einer Situation das Licht fehlt, um zu einer für Ihre Bildvorstellung (in Bezug auf Verwackeln/Verwischen und Schärfentiefe) passenden Kombination von Zeit und Blende zu kommen, können Sie die Empfindlichkeit, den ISO-Wert, erhöhen. Dadurch dürfen Sie dann bei gleicher Blende die Belichtungszeit verkürzen.

TIPP

Bei der Empfindlichkeit gibt es eine einfache Regel: „So niedrig wie möglich!"

Gerade auch bei Nachtaufnahmen mit hoher Empfindlichkeit macht sich das Rauschen stark bemerkbar.

1.18 Weißabgleich

Das Thema Weißabgleich betraf zu anlogen Zeiten nur wenige (in erster Linie die Dia-Fotografen). Bei der Digitalfotografie muss sich aber nun jeder mit der Tatsache auseinandersetzen, dass Lichtquellen unterschiedlich gefärbtes Licht abgeben.

Während unsere Wahrnehmung die von den Augen empfangenen Farben so manipuliert, dass uns ein weißes Blatt Papier sowohl bei („neutralem") Tageslicht als auch unter dem eher orangefarbenen Licht einer „Glühbirne" weiß erscheint, sieht die Kamera das Bild im echten, im Falle der Glühlampe orange eingefärbten Licht.

Diese Färbung entspricht zwar der „Realität“, aber nicht unserer Wahrnehmung und Erfahrung. Die orange Färbung des Kunstlichtes wird uns stören; wir erwarten, dass Weiß Weiß ist und alle anderen Farben entsprechend auch „richtig“ wiedergegeben werden. Zu Zeiten des analogen Farbnegativfilms hat das Labor diese Anpassung vorgenommen. Heutzutage kann die Kamera diese Veränderung, den sogenannten „Weißabgleich“, erledigen – vollautomatisch.
Aber Vorsicht, die Automatik kann falsch liegen und durch das Bild beherrschende Farbflächen irritiert werden.
Der Weißabgleich geschieht bei der Umwandlung der Sensordaten zum Bild. Solange Sie mit **RAW** fotografieren (also nur die noch unbearbeiteten Sensordaten aufzeichnen), können Sie deshalb den Weißabgleich später noch ohne Verluste verändern; er wird erst einmal nur auf das kleine Vorschaubild angewendet.
Wenn Sie aber auf **JPEG** fotografieren, ist eine Nachbearbeitung des Bildes nicht mehr ohne Verluste möglich. Hier sollte der Weißabgleich direkt bei der Aufnahme schon stimmen. Sie müssen den Weißabgleich viel stärker beachten und – anstatt die Automatik einzusetzen – evtl. auf die **„Presets“**, die der Hersteller der Kamera mitgegeben hat, umsteigen.
Hier können Sie die vorherrschende Lichtquelle aus einer Reihe von Voreinstellungen (meist: sonnig, bewölkt, Glühlampe, Neonröhre, Blitzlicht etc.) auswählen. Auch wenn im Bild dann eine dominierende Farbfläche vorliegt, wird dieser Weißabgleich davon unbeeinflusst recht gut stimmen.

Und wenn eine Mischung unterschiedlicher Lichtquellen das Motiv beleuchtet? Ein Porträt mit Fensterlicht und Glühlampe?
Dann können Sie auf den manuellen Weißabgleich umsteigen. Hierbei „zeigen“ Sie der Kamera ein Menü-Detail, das durch den Weißabgleich neutral, also farblos, werden soll. Üblicherweise nimmt man dazu ein weißes Blatt Papier oder eine **Graukarte**. Auf den so gemessen Wert stellt die Kamera dann den Weißabgleich um.
Der Vorgang sollte, da er ja auf ein neutrales Grau abzielt, besser Neutralabgleich oder Grauabgleich heißen, aber der Begriff Weißabgleich hat sich durchgesetzt.

TIPP

Falls Sie auf JPEG fotografieren, sollten Sie dem Weißabgleich eine hohe Bedeutung zumessen und evtl. die kameraeigenen Presets bzw. den manuellen Weißabgleich einsetzen.

1.19 Scharf stellen per „FTR“

Neben der richtigen Belichtung und der Wahl einer passenden Blende bzw. Belichtungszeit ist das Fokussieren, das „Scharfstellen“, einer der wichtigsten Schritte der Fototechnik auf dem Weg zum Bild.
Im Gegensatz zu Lochkameras oder zu Fixfokuskameras, die im Bereich der Digitalfotografie so gut wie überhaupt nicht vorkommen, müssen die „normalen“ Objektive auf die für das Hauptmotiv passende Entfernung fokussiert werden. Das geschieht entweder manuell über die Entfernungsskala oder mit Unterstützung durch den Autofokus.
Die meisten Digitalkameras sind mit Autofokusobjektiven ausgerüstet, die sich leider nur schlecht manuell scharf stellen lassen. Denn damit der Autofokus schnell sein kann, ist der Fokussierbereich sehr kurz übersetzt, so dass man mit einer kleinen Drehung schon große Veränderungen herbeiführt. Die Kameras weisen leider oft auch keine für die manuelle Fokussierung geeigneten Scharfstellhilfen wie **Mikroprismenringe** oder **Schnittbildkeile** auf. Meist bleibt also nur der **Autofokus** zum effektiven Scharfstellen übrig.

Standardmäßig besitzen viele Digitalkameras mehrere Messbereiche für die Entfernung. Wenn sich in mehreren dieser Bereiche erkennbare Motivdetails befinden, wird in der Regel auf den Bereich scharf gestellt, in dem sich die Motivdetails mit der kürzesten Entfernung zur Kamera befinden. Damit wird der Vordergrund stärker bewertet – was für viele Bilder auch richtig ist. Doch wenn man mehr Wert auf die Schärfe weiter hinten liegender Bilddetails legt, ist dieses Verhalten ungünstig. Bei manchen Kameras kann man deshalb den zur Fokussierung genutzten Bildbereich festlegen.

Andere Kameras haben nur einen in der Mitte platzierten Entfernungssensor. Wenn man damit zwei nebeneinander stehende Personen fotografieren will, kann es vorkommen, dass die Kamera auf den zwischen den beiden Personen sichtbaren Hintergrund scharf stellt und die beiden Personen evtl. unscharf abgebildet werden.

Solche Unsicherheiten des Autofokus lassen sich mit verschiedenen Tricks überspielen. Einer nennt sich „FTR“ (Focus Then Recompose / Erst scharf stellen, dann neu komponieren).
Für diese Technik sollten Sie nur den mittleren Fokuspunkt aktivieren. Im obengenannten Beispiel schwenken Sie dann die Kamera, bis eine der beiden Personen unter dem Messpunkt liegt. Wenn Sie nun den Auslöser halb drücken, wird das Objektiv richtig eingestellt. Während Sie den Auslöser gedrückt halten, wählen den gewünschten Bildaus-

schnitt. So bleibt die Einstellung auf die zuerst gemessene Entfernung erhalten, auch wenn nun etwas unendlich Entferntes im Hintergrund unter dem Fokuspunkt liegt. Wenn Sie jetzt auslösen, ist die Entfernung wie gewünscht auf die beiden Personen eingestellt.
Leider fokussiert die Kamera nach jedem Loslassen des Auslösers neu, so dass man diesen Vorgang jedes Mal wiederholen muss, wenn man den Auslöser losgelassen hat (siehe übernächster Tipp).

1.20 Autofokus und Kompaktkameras

Der Autofokus einer Kompaktkameras ist meist langsamer und nicht so zielgenau wie der eines Spiegelreflexmodells. Unter anderem darauf beruht die oft recht lange Zeit, die zwischen Drücken des Auslösers und der tatsächlichen Aufnahme vergeht.
Diese **Auslöseverzögerung** ist zwar im Laufe der technischen Entwicklung der letzten Jahre kürzer geworden, aber es ist trotzdem hilfreich, einen „Workaround" zu kennen.
Sollte Ihre Kamera davon betroffen sein, können Sie sie auf dem gleichen Weg wie gerade beschrieben überlisten. Wenn Sie die Kamera auf ein Motivdetail in der gewünschten Entfernung richten und dann den Auslöser bis zum ersten Druckpunk drücken, stellt der Autofokus scharf. Nun können Sie mit gedrücktem Auslöser warten, bis die Situation sich wunschgemäß entwickelt hat, um dann den Auslöser durchzudrücken, damit die Aufnahme genau in diesem Moment erfolgt.

1.21 Autofokus und Auslöser trennen

Digitale Spiegelreflexkameras bieten, versteckt unter den sogenannten **Individualfunktionen** oder **„Custom Functions"** (CF), die Möglichkeit, den Autofokus vom Auslöser zu trennen. Der Autofokus wird dann nur gestartet, wenn man eine spezielle Taste an der Rückseite der Kamera drückt. Diese Taste (bei Canon ist das die Sterntaste) kann man mit dem Daumen der rechten Hand gut erreichen, so dass ein schnelles Fokussieren möglich ist.
Solange aber die Taste **nicht** gedrückt wird, bleibt die Entfernung so wie einmal eingestellt, egal, was sich beim Drücken des Auslösers gerade unter dem Autofokusfeld befindet. So kann man die Vorteile des Autofokus mit den Vorteilen der manuellen Fokussierung koppeln.

TIPP

Unter den Custom Functions verbirgt sich die Möglichkeit, den Autofokus nur auf Wunsch unkompliziert zuschalten zu können.

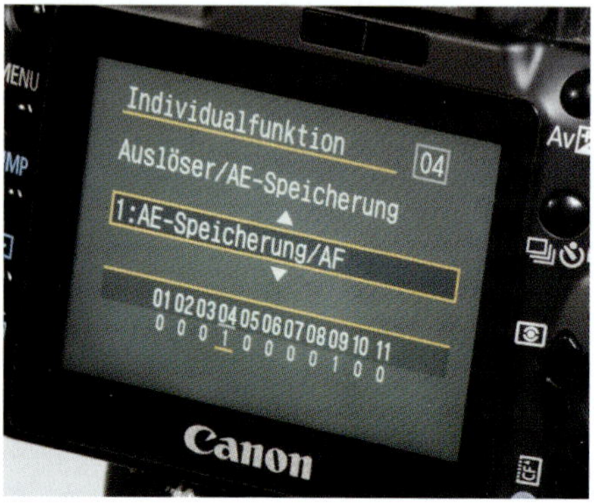

Bei Kameras von Canon ist das etwas verwirrend gelöst. Vor dem Schrägstich stehen die Angaben für den normalen Auslöser, hinter dem Schrägstrich die Bedeutung der Sterntaste auf der Kamerarückseite. Mit der hier gezeigten Einstellung erhält der Auslöser die Belichtungsspeicherfunktion, die Sterntaste erhält die Autofokusmessfunktion.

1.22 Scharf stellen per Vorratsmessung

Schon lange vor der Entwicklung des Autofokus gab es sogenannte **Schnappschusseinstellungen**, bei denen man sich die Schärfentiefe für eine Vorwahl des Schärfebereiches zunutze machte.

Bei einem leichten Weitwinkel (35 mm kleinbildäquivalente Brennweite) ist schon bei mittleren Blenden (8 oder 11) die Schärfentiefe so groß, dass sie z.B. den Bereich von 2 bis fast 10 m abdeckt, wenn Sie auf ca. 3,20 m scharf stellen.

Wenn Sie also (manuell) die Entfernung vorwählen, können Sie ganz auf erneutes (Auto-)Fokussieren verzichten, solange sich die Hauptmotive innerhalb dieses Schärfebereiches bewegen. Damit umgehen Sie die damit verbundenen Probleme, die z.B. durch die Wahl eines falschen Referenzobjektes für das Autofokusmessfeld entstehen.

TIPP

Solange sich die Hauptmotive innerhalb eines mehr oder weniger eng begrenzten Entfernungsbereiches befinden (wie z.B. die Kinder, die im Sandkasten spielen), kann man auf den Autofokus verzichten und stattdessen die Schärfentiefe nutzen.

1.23 Digitalzoom meiden

Einige digitale Kompaktkameras bieten die Möglichkeit, den Brennweitenbereich des eingebauten Zooms mittels eines sogenannten Digitalzooms zu erweitern.
Dabei wird aber nur der innere Teil des Bildes auf die Endgröße des Fotos „aufgeblasen". Das entspricht zwar in der Wirkung einer Verlängerung der Brennweite, aber es kommen keinen neuen Details ins Bild.

TIPP

Vorsicht: Dieser Digitalzoom ist nur eine Ausschnittvergrößerung und könnte auch (feiner dosiert) nachträglich in der Bildbearbeitung vorgenommen werden.

Nur wenn das Bild ohne weitere Bearbeitungsmöglichkeit genutzt werden muss, sollte man den Digitalzoom einsetzen. Sonst ist es sinnvoller, das volle Bild zu fotografieren und den Ausschnitt später festzulegen. Das „Hochrechnen" der Bildinformation kann man dann mit auf das jeweilige Bild hin optimal geeigneten Interpolationsmethoden der Bildbearbeitungen vornehmen.

1.24 Objektivwechsel (1)

Zum Objektivwechsel könnte man drei oder auch vier Hände gebrauchen. Aber es gibt ein paar Kniffe, sich das Wechseln zu erleichtern: Nehmen Sie zuerst vom neuen Objektiv den Rückdeckel ab und halten Sie ihn mit der Öffnung nach vorn vor das Objektiv. Dann nehmen Sie das an der Kamera befindliche Objektiv mit der anderen Hand ab, drehen es auf den Deckel und packen es dann weg. Das neue Objektiv kann nun an die Kamera geschraubt werden.

Links das „einzuwechselnde" Objektiv mit dem abgenommenen Objektivdeckel, dessen Öffnung gedreht wurde, um nun das von der Kamera entfernte Objektiv (rechts) aufzunehmen.

1.25 Objektivwechsel (2)

Quasi die Steigerung des vorherigen Tipps: Kleben Sie zwei Objektivrückdeckel aneinander. Wenn Sie nun das „neue“ Objektiv aus der Tasche holen, ist dort ein „geöffneter“ Rückdeckel dran, an dem Sie das „alte“ Objektiv befestigen. Dann drehen Sie die Einheit, lösen das neue Objektiv und packen das alte mit dem doppelten Rückdeckel in die Tasche. Das neue Objektiv kann dann an die Kamera.

1.26 Objektivreinigung

Irgendwann ist es so weit: Auf dem Objektiv sind Staub oder gar Fingerabdrücke. Eine Reinigung ist dann meist unumgänglich, denn sonst können seitlich auf das Frontglas fallende Lichtstrahlen den Schmutz hell anstrahlen. Dieser Schmutz wird dann zwar nicht scharf auf dem Bild sichtbar (wenn wir mal von Fisheye-Objektiven absehen, wo das tatsächlich passieren kann), aber er kann sich als heller Schleier über das Bild legen und Kontrast rauben. Besonders Objektive ohne oder mit zu kurzer Streulichtblende sind davon betroffen.

Um die dann nötige Reinigung der Frontlinse wird viel Tamtam gemacht, aber eigentlich ist es recht einfach. Ich benutze dazu seit vielen Jahren fast ausschließlich Zigarettenpapier. Der Tipp stammt aus einer alten Foto-Zeitschrift.
Zuerst wird das Frontglas durch kräftiges Pusten mit dem Mund oder einem Blaseblag von grobem Schmutz oder gar Sand gereinigt. Es dürfen keine harten Stoffe auf dem Objektiv zurückbleiben. Wenn beim Pusten mit dem Mund etwas Spucke auf den Sensor trifft, ist das zwar nicht schön, aber in geringem Maß auch kein Problem.
Anschließend nehme ich ein Blättchen aus der Packung. (Bei den Discountern erhalten Sie Vierer-Packs der Blättchen für recht wenig Geld,

dann haben Sie eine Packung für zu Hause, eine für die Fototasche und eine für die Aufbewahrung im Auto. Das sollte für alle Eventualitäten reichen.)

Die Blättchen haben eine gummierte Klebekante, die ich nun großzügig abreiße, damit die Gummierung nicht auf das Glas gelangt. Anschließend falte ich das Blättchen einmal quer und lege es über die Spitze meines Zeigefingers. Daumen und Mittelfinger pressen es dann seitlich an den Zeigefinger und halten es so fest.

Nun hauche ich das ja bereits von grobem Schmutz gereinigte Frontglas des Objektives kräftig an, damit sich ein ganz dünner Feuchtigkeitsfilm darauf bildet. Von der Mitte aus führe ich das Zigarettenpapier kreisförmig nach außen und wische so (mit sanftem Druck) über das Glas.

Manche Fingerabdrücke sind hartnäckig, und es wird eine zweite Reinigung nötig. Dazu nehme ich ein frisches Papier. Durch Drehen des bereits benutzten Papiers würde zwar eine frische Seite nutzbar, aber an der könnte Fett von meinem Zeigefinger sein. Da die Blättchen so billig sind, ist der etwas höhere Verbrauch kein Problem.

Verschmutztes Objektiv

Klebekante abreißen

Blättchen falten

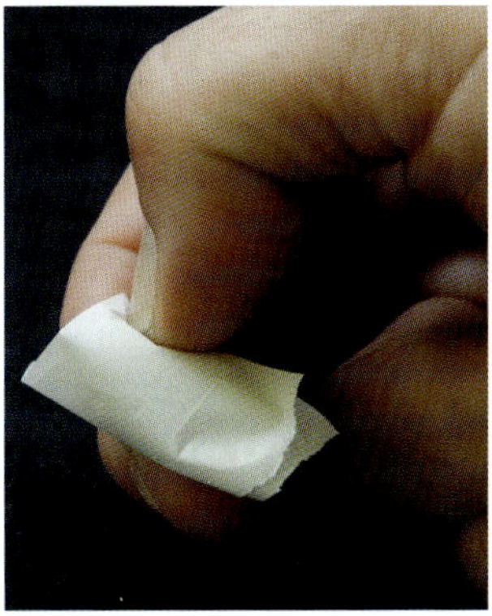

1.27 Sensorreinigung

Erscheinen auf den Bildern aus Ihrer digitalen Spiegelreflexkamera in gleichmäßigen Flächen wie dem blauen Himmel kleine unscharfe dunkle Punkte, die immer schärfer abgebildet werden, je weiter die Blende bei der Aufnahme geschlossen war? Dann haben Sie evtl. Schmutz auf dem Sensor.
Zumindest bei einer Spiegelreflexkamera ist das nicht ausgeschlossen. Einer der Vorteile der digitalen Kompaktkameras ist ja, dass man den Sensor nicht reinigen muss, da er nicht zugestaubt werden kann. Spiegelreflexkameras dagegen können sogar ohne Objektivwechsel mit Staub „kontaminiert“ werden, denn viele Zoomobjektive wirken wie kleine Luftpumpen.
Manche Kameras haben einen eingebauten Staubentferner, ihr Sensor schwingt oder rüttelt, damit der Staub abfällt. Das klappt mehr oder weniger gut.
Man kann den Spiegelkasten und den Sensor aber auch abblasen. Dazu muss natürlich der vor dem Sensor befindliche Verschluss geöffnet sein.

Die meisten Kamera haben dafür eine spezielle Reinigungsfunktion in ihren Menüs, bei der der Verschluss so lange aufbleibt, bis die Kamera ausgeschaltet wird. Aber Vorsicht, es wäre unklug, wenn der Verschluss durch Strommangel zu früh zuginge; deshalb sollte man die Reinigung nur mit vollgeladenem Akku oder bei Anschluss an eine zuverlässige Stromquelle durchführen.
Für die Reinigung kann man einen Gummiblasebalg nutzen. Bitte aber nicht die ganz kleinen, die gelegentlich für die Objektivreinigung angeboten werden und an der Spitze einen kleinen Pinsel haben. Der Pinsel könnte den Sensor beschmutzen, und die Blasebälge sind meist, da sie nur zwischen Daumen und Zeigefinger gehalten werden können, zu klein und schwach.
Für etwa 10 Euro gibt es im Zubehörhandel spezielle Gummibälle mit langer Spitze, die mit der ganzen Hand gedrückt werden können und so genug Druck entwickeln, um den Staub vom Sensor zu entfernen.
Sie können auch Druckluftdosen einsetzen, aber bitte vorsichtig. Zum einen darf der Druck nicht zu stark werden, zum anderen darf keine in den Dosen enthaltene Flüssigkeit auf den Sensor kommen. Die Dose muss also penibel senkrecht gehalten werden. Blasen Sie die Düse vor dem Einsatz in der Kamera gründlich durch. Druckluft aus Kompressoren ist manchmal ganz leicht verunreinigt und deshalb mit Vorsicht zu verwenden.

Zum Ausblasen halten Sie die Kamera (ohne Objektiv) am besten hoch; der Objektivanschluss (das Bajonett) sollte nach unten zeigen. Der Verschluss muss natürlich offen sein, damit der Sensor überhaupt für die Druckluft zugänglich ist.
Stützen Sie sich ruhig mit dem die Kamera haltenden Arm ab oder montieren Sie die Kamera auf ein Stativ, damit sie nicht mehr bewegt wird als nötig. Denn nun müssen Sie die „Düse" des Blasebalgs in die Kamera einführen und im Spiegelkasten auf den Sensor richten, **ohne** ihn zu berühren.

Zum Reinigen per Blasebalg sollten Sie die Kamera am besten über Ihren Kopf halten, so dass der Sensor nach unten zeigt.

Nach mehrfachen Blasen sollte der Staub verschwunden sein, was Sie mit einer Briefmarkenlupe mit kleiner eingebauter Lampe oder auch mit einem Testfoto kontrollieren können. Für das Testfoto brauchen Sie einen gleichmäßigen Hintergrund, den Sie am besten unscharf fotografieren. Vielleicht schließen Sie die Kamera einfach an den Computer an, dann können Sie zuerst ein gleichmäßiges Stück Monitor (z.B. ein leeres weißes Bild in der Bildbearbeitung oder eine leere Seite im Textprogramm) fotografieren und dann das Ergebnis direkt auf Staub überprüfen.

Sollte auch nach mehreren Reinigungsversuchen (egal ob per Blasebalg oder durch kameraeigene Reinigung) Schmutz an immer derselben Stelle zurückbleiben, dann scheint da etwas Klebriges auf dem Sensor zu sein.
Mir ist das bisher in all den Jahren erst zweimal passiert. In beiden Fällen habe ich den Sensor mit entsprechenden hochreinen Tüchern, Tücherhaltern (Spateln) und der Reinigungsflüssigkeit „Eclipse" nach der Anleitung des Herstellers gereinigt.
Aber das ist nicht ganz ungefährlich, man kann das Deckglas des Sensors verkratzen. Und in dem engen Spiegelkasten lassen sich auch nicht alle Ecken einfach erreichen; gerade bei „Vollformat"-Kameras kann das zu einem langwierigen Geduldsspiel werden. Stattdessen können Sie eine professionelle Reinigung durch den Kamerahersteller

oder durch den Fachhandel in Anspruch nehmen. Das ist allerdings oft recht kostspielig. Am besten vermeidet man also so weit wie möglich solche hartnäckige Verschmutzungen, wie sie z.B. durch klebrige Blütenpollen entstehen können.

TIPP

Damit möglichst kein Staub in die Kamera und auf den Sensor kommt, sollte sie nicht geöffnet (ohne Objektiv) herumliegen, und auch der Objektivwechsel sollte schnell von der Hand gehen (siehe Tipps Seite 37/38).
Leider sind viele Zoomobjektive richtige kleine „Luftpumpen“, so dass über kurz oder lang der Sensor doch einmal gereinigt werden muss.

1.28 Zubehör, das man nicht braucht

Sparen Sie sich das Geld für unnötiges Zubehör. Schutzfilter zum Beispiel werden gern verkauft, sind aber oft unnötig und manchmal sogar schädlich für das Bild.
Meist werden als Schutzfilter Skylight- oder UV-Filter eingesetzt. Da diese Filter im Vergleich zu den Frontlinsen der Objektive immer ganz weit vorn sitzen, werden sie von seitlich auf das Objektiv fallendem Licht viel eher erreicht als die Frontlinse. Dadurch wird der (fast immer vorhandene) Staub auf dem Glas hell beleuchtet und wird als unscharfer Schleier dem Bild Farbsättigung und Kontrast rauben.
Bei Nachtaufnahmen können durch solch einen Filter Geisterbilder von Lampen oder beleuchteten Bilddetails entstehen.
Als Schutz sind die Filter in den Fällen sinnvoll, in den von vorn dem Objektiv Gefahr droht. Doch das ist recht selten der Fall. In den anderen Fällen schützt eine Streulichtblende oft viel besser.

1.29 Streulichtblende verwenden

Eine Streulichtblende sollten Sie auf jeden Fall verwenden. Sie kann das Objektiv nicht nur vor mechanischen Beschädigungen schützen, sondern auch die Bilder spürbar verbessern. Von der Seite einfallendes Licht kann Staub auf dem Frontglas des Objektives aufleuchten lassen. Dieser helle Reflex liegt dann unscharf über dem gesamten Bild, macht das Foto kontrastarm und bewirkt flaue, verwaschene Farben.

Die Streulichtblende sollte sich immer am Objektiv befinden

1.30 Nachtaufnahmen

Bei vielen Nachtaufnahmen von Städten oder Gebäuden hat man entweder einen schweren, tiefschwarzen Himmel im Bild, oder die beleuchteten Bereiche im Bild, speziell die Fenster, überstrahlen.
Bei manchen Bildern jedoch ist es dem Fotografen gelungen, die Situation mit zwar dunklem, aber durchgezeichnetem Himmel und perfekt belichteten Fenstern etc. zu fotografieren. Bei derartigen Fotos war oft ein einfacher Trick im Spiel: Es war noch gar nicht richtig dunkel.
Wenn Sie auch solche Aufnahmen machen wollen, nutzen Sie am besten die sogenannte blaue Stunde, den Zeitraum zwischen Sonnenuntergang und wirklicher Dunkelheit. Ein guter Zeitpunkt für ausgeglichene Nachtaufnahmen mit künstlicher Beleuchtung im Bild ist dann erreicht, wenn der Himmel in etwa so hell ist wie ein beleuchtetes Zimmer. Richten Sie die Kamera auf den Himmel und messen Sie die Belichtung. Wenn die Angabe bei einer Empfindlichkeit von ISO 100 für Blende 5,6 eine Sekunde (1") lautet, ist diese Helligkeit in etwa erreicht. (Probieren Sie ruhig etwas, digital ist das ja ohne große Kosten möglich.)
Mit der gemessenen Einstellung wird Ihr Bild dann noch etwas Zeichnung im Himmel haben, und trotzdem werden beleuchtete Fenster im Bild nicht überstrahlen.

1.31 Mondfotos

Wenn der Vollmond Sie eh am Schlafen hindert, ist das eine gute Gelegenheit, Mondfotos zumachen. Besonders dann, wenn der Mond nah am Horizont ist und im „Vordergrund" noch Details von Landschaft, Stadt oder Vegetation ins Bild kommen können, ist ein guter Zeitpunkt für spannende Fotos.
Wenn es Ihnen nur um die Mondoberfläche geht, so denken Sie bitte daran: Der Mond ist nichts anderes als eine sonnenbeschienene Felslandschaft. Er muss auch dann, wenn bei uns auf der Erde Nacht ist, wie eine Tageslichtaufnahme belichtet werden (probieren Sie es mit Blende 11, 1/160 Sekunde bei ISO 100).

1.32 Feuerwerk

Feuerwerke finden zwar im Dunklen statt, doch kommt trotzdem oft die Umgebung mit ins Bild, werden dadurch die Bilder sogar spannender. Sie sollten deshalb rechtzeitig eintreffen, um einen guten Standort auszuwählen, evtl. mit etwas Vordergrund, der dann als Schattenriss vor dem Feuerwerk zu sehen ist. Sie können sogar versuchen, diesen Vordergrund, durch einen Blitz etwas aufgehellt, zu integrieren. Eine Wasserfläche, in der sich das Feuerwerk spiegelt, ist auch toll. Bei der Planung und Vorbereitung ist es natürlich hilfreich zu wissen, wo und bis zu welcher Höhe das Feuerwerk zu sehen sein wird.

Wenn Sie sich den Standort frühzeitig aussuchen, denken Sie an die später noch kommenden Besucher. Diese sollten sich nicht vor Ihre Kamera stellen können. Und wenn Sie nicht mitten in einem Besucherpulk stehen, stößt auch nicht irgendwer genau im falschen Moment an Ihr Stativ.
Ein Stativ werden Sie sicher brauchen. Freihändig gemachte Aufnahmen können zwar zu „interessanten" Bildern führen, aber meist kommen Sie mit Stativ zu besseren Ergebnissen.
Schalten Sie den Autofokus aus. Die Entfernung sollte fest auf unendlich (bzw. die hyperfokale Distanz, siehe Seite 30) stehen, aber natürlich nur, wenn Sie kein Bild mit einem scharf abgebildeten Vordergrunddetail, wie z.B. ein Denkmal vor einem unscharfen Feuerwerk, wünschen.
Bei **100 ISO** werden sie mit **Blende 5.6** bis **11** wohl ganz gut zurechtkommen. Welche Wertekombination die richtige ist, hängt unter anderem auch vom evtl. noch vorhandenen Umgebungslicht ab. In unseren Breiten dämmert es im Sommer zum Teil ja recht lange.
Sie müssen also mit der Blende etwas experimentieren. Mit einer digitalen Kamera ist das aber nicht so schlimm, denn Sie können die Ergebnisse direkt kontrollieren.
Als **Belichtungszeit** wählen Sie **„B"**. So bleibt der Verschluss so lange offen, bis Sie ihn wieder freigeben. Warten Sie bis zum Schließen einige Feuerwerkssalven (etwa 4–5 Sekunden) ab, lieber zu wenig als zu viel.
Wenn Ihre Kamera keine „B"-Einstellung hat, müssen Sie mit den festen einzustellenden Belichtungszeiten experimentieren.
Sie können übrigens nachträglich immer noch mehrere Bilder des Feuerwerks in der Bildbearbeitung übereinanderkopieren. Die Raketensalven addieren sich dann auf. Die Montage geht am einfachsten, wenn das Bild überwiegend schwarz ist. Sie müssen dann für die einzelnen Ebenen in der Bildbearbeitung nur den Modus „aufhellen" wählen.

(Evtl. in allen Bildern vorhanden helle Vordergrunddetails müssen Sie dann per Ebenenmasken ausblenden.)
Denken Sie unbedingt an den Fernauslöser (Draht oder Funk). Und vor allem auch an volle Akkus, denn Sie werden nicht nur häufiger das Display brauchen, sondern auch für die langen Belichtungszeiten viel Energie benötigen.
Spätestens wenn Sie zum Abschluss alles wieder einpacken müssen, werden Sie sich freuen, eine Taschenlampe mitgenommen zu haben.

1.33 Rauschen vermeiden

Gerade bei Nachtaufnahmen kommt das Rauschen ins Bild. Doch auch bei anderen Aufnahmen taucht Rauschen auf.

Je kleiner der Sensor, je höher die Empfindlichkeit, je länger die Belichtungszeit, je wärmer der Sensor, desto stärker ist das Rauschen in den Bildern. Diese etwas dem Filmkorn ähnelnden Fehler stören besonders auf homogenen Flächen.
Mittlerweile bieten viele Kameras mehr oder weniger starke interne Rauschverminderer an, die aber leider oft nicht nur das Rauschen, sondern auch feine Bilddetails „glatt bügeln".

Glücklicherweise gibt es zumindest für einige Aufnahmesituationen Alternativen.

In der vergrößerten Ansicht sieht man das Rauschen.

Wenn z.B. für Nachtaufnahmen ohnehin ein Stativ eingesetzt wird, so kann man bei unbelebten Szenen auch gleich ohne viel Aufwand mehrere Aufnahmen machen. Diese Bilder rauschen dann zwar alle, aber jede einzelne rauscht etwas anders als die anderen, denn das Rauschen ist zufällig.
Das kann man sich zunutze machen und Bilder mit gleichem Inhalt kombinieren. Dazu legt man sie z.B. in Photoshop (Elements) oder Gimp als Ebenen übereinander. In Photoshop CS3 lässt sich das per Script („Load Files into Stack.jsx") automatisieren.

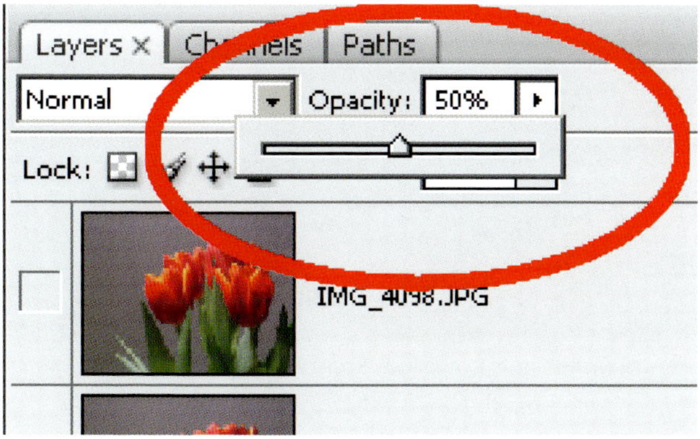

Einstellung der Ebenendeckkraft bei Photoshop (CS3)

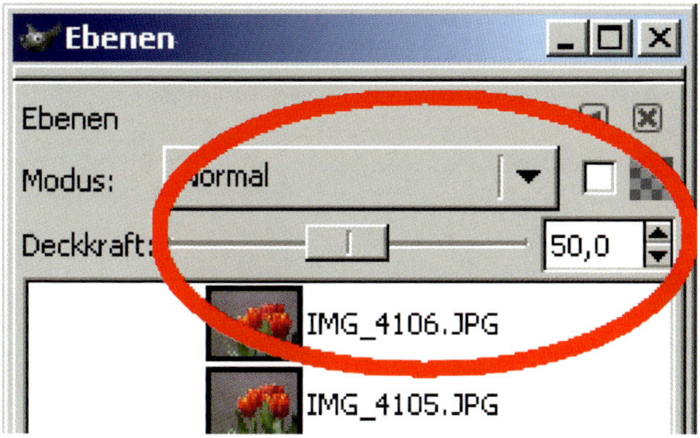

Einstellung der Ebenendeckkraft bei Gimp

Jede der Ebenen, die ja jeweils einem der Ausgangsbilder entsprechen, erhält dann eine geänderte Deckkraft. Das zweite Bild (von unten) in der Ebenenpalette soll nur noch 50 % zum Bild beitragen, es bekommt also 50 % Deckkraft. Das dritte hat noch ein Drittel Anteil, also sind da 33 % Deckkraft richtig. Das vierte hat ein viertel Anteil, also 25 %.
Bei vier, spätestens aber bei acht Bildern (20 %, 16 %, 14 %, 13 %) kann man Schluss machen; weitere Bilder verbessern die Wirkung nur noch unwesentlich.
Auf diese Art addiert sich die in allen Bildern gleiche Information, der eigentliche Bildinhalt, immer zu hundert Prozent auf. Das jeweils zufällige und deshalb unterschiedliche Rauschen eines jeden Einzelbildes trägt aber nur noch zu 25 % oder gar nur zu 13 % zum Endergebnis bei.
Das Rauschen der Aufnahmen löscht sich so quasi gegenseitig aus dem Ergebnis.

v.l.n.r.: unkorrigiert, 4 Bilder kombiniert, 8 Bilder kombiniert (alle nicht scharfgezeichnet)

1.34 Schwarzweiß-Fotos mit RAW + JPEG

Der kamerainterne Schwarzweiß-Modus ist meist nicht die beste Methode, SW-Bilder zu erzeugen, denn oft sind die Ergebnis einfach nur farblos.
„Richtige" Schwarzweißfotos dagegen brauchen meist mehr als den Verlust an Farbe. (Mehr dazu in den Tipps zur Bildbearbeitung, siehe Seite 86.)
Der SW-Modus einiger Kameras ist nicht nutzlos. Sie sollten ihn jedoch nur einsetzen, wenn Sie auf RAW fotografieren. Die RAW-Daten enthalten dann nämlich immer noch die vollen Sensordaten, es lassen sich daraus also jederzeit Farbbilder machen, die als Vorlage für die spätere SW-Umwandlung am heimischen Rechner dienen können.
Die Vorschaubilder, die die Kamera für die Displayanzeige einsetzt, sind dann aber in Schwarzweiß, so dass Sie auf dem Display einen ersten Eindruck der Wirkung Ihres Motivs in Schwarzweiß erhalten. Gerade für Fotografen, die sich mit Schwarzweiß bisher nur wenig beschäftigt haben, ist das ein großer Vorteil und hilft dabei, schnell Erfahrung zu sammeln.

TIPP

Wenn Sie den Schwarzweiß-Modus der Kamera in Kombination mit RAW-Daten nutzen, können Sie die Wirkung schon auf dem Display der Kamera sehen, besitzen aber für eine an das Motiv angepasste spätere SW-Umsetzung noch die vollen Sensordaten.

v.l.n.r.: Orginal Farbdatei und drei mögliche
Umsetzungen zu Schwarzweiß

1.35 Weiches Licht (Blitz)

Mit dem Blitzlicht verbindet viele Fotografen eine Art Hassliebe. Das Blitzlicht kann zwar ein „Lebensretter" sein, wenn es zu dunkel wird – einige Aufnahmen wären ohne Blitz überhaupt nicht denkbar –, und es ist ein tolles Hilfsmittel, um den Bildern einen besonderen „Kick" zu geben. Aber es gibt auch viele Nachteile und Probleme, die in der Natur des Blitzlichtes liegen:

- Es hat meist eine sehr kleine Lichtquelle, so dass bei in der Tiefe gestaffelten Motiven unschöne harte Schlagschatten auftreten.
- Es befindet sich nah an der Aufnahmeachse, so dass „rote Augen" auftreten können.
- Es hat einen starken Helligkeitsabfall: In der doppelten Entfernung kommt nur noch ein Viertel des Lichtes an. Dadurch gibt es kalkweiße „Gespenster" im Vordergrund und im Schwarz verschwindende Personen im Hintergrund.

Gegen die Härte des Lichtes kann man etwas unternehmen. Wenn es nicht möglich ist, indirekt zu blitzen (siehe nächster Tipp), kann es hilfreich sein, die Leuchtfläche des Blitzes zu vergrößern.
Zumindest bei nahen Motiven kann das einen großen Unterschied machen: Die Schatten werden dadurch weicher.
Es gibt zur Vergrößerung der Leuchtfläche eine ganze Menge mehr oder weniger (meist aber mehr) kostspieligen Zubehörs. Doch Sie können sich auch mit einfachen Mittel selbst helfen. Ein Blatt Papier oder eine Pappe reicht oft schon dafür aus.

Selbst für die fest eingebauten Blitze gibt es Abhilfe, um das Blitzlicht weicher zu machen. Im Fotohandel werden kleine „Segel" angeboten (u.a. „Soft Screen"), die mit etwas Abstand vor den eingebauten Blitz kommen und die leuchtende Oberfläche auf ein mehrfaches vergrößern.
Trotzdem wirken sich solche kleinen Weichmacher nur im Nahbereich aus, bei größeren Abständen zwischen Lichtquelle und Motiv muss auch die leuchtende Oberfläche größer sein, was sich nur mit Schirmen oder Softboxen an externen Blitzgeräten erreichen lässt.

1.36 Indirekt blitzen

Verschiedene Probleme, die beim Blitzen auftreten können, lassen sich je nach Situation durch einen indirekten Einsatz des Blitzes abschwächen oder ganz lösen. Dabei wird der Blitz auf eine (möglichst helle und farbneutrale, aber nicht spiegelnde) Wand oder Decke gerichtet und „über Bande" eingesetzt.

1) Durch dieses indirekte Blitzen wird die Leuchtfläche des Blitzes vergrößert, sie entspricht dann in etwa der Reflexionsfläche. Außerdem kommt das Licht auf diese Art von der Seite oder von oben, so dass die durch die größerer Fläche ohnehin schon weicheren Schatten zusätzlich auch noch zur Seite und/oder nach unten wandern und somit insgesamt nicht mehr so deutlich sichtbar sind wie die typischen harten Schatten eines direkten Blitzes.

2) Weil das Licht indirekt geblitzt nicht mehr – wie beim typischen Bild mit eingebautem Blitz – aus der Richtung des Objektivs kommt, ist die Gefahr, dass rote Augen auftreten (die durch eine perfekte Ausleuchtung des Augeninneren durch den Blitz entstehen) verringert.

3) Weil die Strecken zwischen Blitz und nahen bzw. fernen Motivdetails im Verhältnis gesehen zusammenrücken, ist der Helligkeitsabfall nicht mehr so stark.
Ein Beispiel: Wenn der Vordergrund 2 m und der Hintergrund 4 m entfernt ist, kommt bei direktem Blitz am Hintergrund nur ein Viertel des Lichts an, das den Vordergrund erreicht.
Bei indirektem Blitz gelangt das Licht erst zur Wand bzw. Decke und dann zum Vordergrund bzw. Hintergrund; aus 2 m und 4 m Entfernung werden dann evtl. 5 m und 7 m. Der Unterschied ist im Verhältnis wesentlich geringer und der Helligkeitsabfall dadurch schwächer: Das Bild wird gleichmäßiger ausgeleuchtet.

Der Blitz benötigt für das indirekte Blitzen aber deutlich mehr Leistung, da sein Licht nicht vollständig reflektiert wird und, wie gesehen, insgesamt längere Strecken zum Motiv zurücklegen muss.
Außerdem können bei kurzen Aufnahmeabständen die Augenhöhlen unschön abgedunkelt werden, wenn eine Person sehr nahe an der Kamera steht und das indirekte Licht für dies Person von oben kommt. Die Augen liegen dann faktisch im Schatten der Augenbrauen.

TIPP

Ein indirekter Blitz bietet drei Vorteile auf einmal: weichere Schatten, gleichmäßigere Ausleuchtung in die Tiefe, und rote Augen verschwinden auch.

Wenn Sie mit einem eingebauten Blitz Ihrer Kamera indirekt fotografieren wollen, ist das eigentlich unmöglich, da sich der Blitz nicht drehen lässt.
Aber mit etwas Geschick können Sie sich aus einer spiegelnden CD einen passenden Reflektor basteln, der das Licht an die Decke wirft. Man darf von dem kleinen Blitz keine Wunderdinge in Bezug auf die Reichweite erwarten, aber im Nahbereich in einem normalen Innenraum kann eine solche Notlösung ganz gut funktionieren.
Zerschneiden Sie dazu eine CD knapp außerhalb der Mitte. Das größere Teil wird dann pilzförmig zugeschnitten und der Stengel des Pilzes in die Mechanik des Ausklappblitzes gesteckt, evtl. muss das dann noch mit einem Gummi fixiert werden.
Unter http://www.fotolehrgang.de/100tippsundtricks/index.php finden Sie einen Schnittbogen.

1.37 Blitz mit längerer Verschlusszeit

Oft ist es sinnvoll, den Blitz mit einer längeren Verschlusszeit einzusetzen, da man so auch das Umgebungslicht einfangen kann. Gerade der Helligkeitsabfall in die Tiefe des Bildes lässt sich dadurch abmildern.
Dabei macht man sich zunutze, dass der ultrakurz aufleuchtende Blitz durch die Belichtungszeit kaum beeinflusst wird. Seine Auswirkung auf das Bild wird nur über seine eigene Leistungsregelung und über die an der Kamera eingestellte Blende gesteuert.

Der Vordergrund wird bei solchen Blitzbildern durch das Blitzlicht ausgeleuchtet. Er leuchtet nur kurz, so dass der Vordergrund scharf und unverwackelt wird.
Den Hintergrund erreicht dieses Licht aber nur schwach, da seine Stärke im Quadrat der Entfernung abnimmt. Bei doppelter Entfernung kommt nur ein Viertel des Lichts an, bei dreifacher Entfernung sogar nur ein Neuntel. Der Blitz, der den Vordergrund richtig beleuchtet, ist in dreifacher Entfernung nahezu wirkungslos.
Für den Hintergrund nutzt man deshalb in diesem Fall zusätzlich zum Blitz das Umgebungslicht. Die Belichtungszeit, die die Intensität des Blitzes im Gegensatz zur Blendeneinstellung nicht beeinflusst, wird dazu verlängert.
Dadurch steigt die Verwacklungsgefahr. Aber im zumeist für das Bild wichtigeren Vordergrund friert ja der Blitz das Bild ein. Der Hintergrund kann dann oft ruhig etwas verwischen; das ist fast immer besser, als wenn er bei einer kürzeren Zeit im Schwarz „absäuft".

TIPP

Probieren Sie es selber aus, für das Langzeitblitzen bieten sich Zeiten von $^1/_{30}$ bis $^1/_4$ Sekunde an.

1.38 Zweiter Verschlussvorhang

Der Blitz leuchtet nur sehr kurz, manchmal unter einer zehntausendstel Sekunde. Damit lassen sich auch sehr schnelle Bewegungen einfrieren.
Wenn man diese kurze Blitzzeit mit einer längeren Belichtungszeit koppelt, die auch das Umgebungslicht einfängt, dann kann man das bewegte Detail zum einen einfrieren, und zum anderen hat man es verwischt im Bild, da ja die Bewegung während der Belichtungszeit

TIPP

Mit einem Blitz „auf den zweiten Verschlussvorhang“ kann man Bewegung in einem Bild mit langer Verschlusszeit mit bewegungsrichtigen „Wischern“ einfrieren.

weitergeht. Das Ergebnis ähnelt einer Doppelbelichtung aus zwei Bildern, einem statisch eingefrorenen scharfen Abbild und einem mit dynamischer Verwischung.
Da der Blitz normalerweise zu Beginn der Belichtung ausgelöst wird, kommen die Wischer erst nach dem statischen Motiv auf das Bild. Ein von links nach rechts durch das Bild fahrendes Autos wäre zum Zeitpunkt der Blitzbelichtung am linken Bildrand, dann erst kommen die Wischer auf der Strecke nach rechts.
Die Wischer wären also quasi vor dem Auto, was den Eindruck einer umgekehrten Bewegung macht, als fahre das Auto rückwärts von rechts nach links durchs Bild.

Wischer sollten jedoch nach unserer Lesart von Bildern (durch Comics geschult?) immer in Bewegungsrichtung hinter dem Objekt sein. Das geht aber nur mit einem Blitz, der erst zum Ende der Belichtung auslöst. Bei einer Spiegelreflexkamera wird dieses Ende der Belichtung dann erreicht, wenn der zweite Verschlussvorhang das Bildfenster wieder schließt. Daher kommt der Ausdruck „Synchronisation auf den zweiten Verschlussvorhang“. Der Blitz wird in diesem Fall erst kurz vor dem Schließen des Verschlusses ausgelöst. Auch bei Kameras, die wie die meisten der kompakten Digitalkameras gar keine Verschlussvorhänge haben, wird diese Art des Blitzens „2nd Curtain-“ oder „Rear Curtain-Synchronisation“ genannt.

Diese Technik hat allerdings auch gravierende Nachteile. Der das scharfe Abbild des bewegten Motivdetails steuernde Blitz zündet erst einige Zeit nach dem Drücken des Auslösers zu einem Zeitpunkt, den der Fotograf nur schwer vorausahnen kann.
Es ist oft unmöglich – oder erfordert zumindest viel Erfahrung –, die exakte Position und den Zustand des Hauptmotivs bei dieser verzögerten Blitzauslösung zu erahnen. Wo das Auto im Bild genau ist, ob das tanzenden Paar der Kamera die Gesichter zudreht, dass muss der Fotograf zumindest zum Teil auch dem Glück überlassen.
Zu Zeiten der Digitalkameras mit sofortiger Ergebniskontrolle kann man immerhin direkt reagieren und einen erneuten Versuch machen. Und bei gleichmäßigen und sich wiederholenden Bewegungen lässt sich der passende Moment recht gut eingrenzen.

1.39 Blitz mit Filterfolien anpassen

Das Blitzlicht entspricht in seiner Farbtemperatur meist dem Tageslicht. Wenn man einen solchen Blitz nun bei Kunstlicht (oder am frühen Morgen oder abends bei „warmem" Tageslicht) einsetzt und das Umgebungslicht durch eine längere Belichtungszeit mit fotografiert wird, gibt es zwei verschiede Farbstimmungen im Bild.
Sie könnten nun den Weißabgleich auf das Blitzlicht, auf das Umgebungslicht oder aber auf eine Mischung aus beidem abstimmen. Aber es würden natürlich immer „Fehlfarben" im Bild bleiben.
Für den Fall, dass Sie dies nicht wünsche, gibt es eine Lösung: Stimmen Sie den Blitz mit einer Filterfolie auf das vorherrschende Umgebungslicht ab und stellen Sie den Weißabgleich entsprechend ein. Die Filterfolienherstellern bieten kleine Musterfächer an, in denen auch sogenannte Konversionsfilter zur Veränderung der Farbcharakteristik von Tageslicht (dem das Blitzlicht weitestgehend entspricht) zu unterschiedlichen Kunstlichtarten (oder umgekehrt) stecken. Die Größe der kleinen Filterstücke in den Musterfächern reichen oft schon für einen kleinen Blitz aus.
Falls Sie etwas mehr benötigen, können Sie auch beim nächsten Bühnenausstatter, Beleuchtungsverleih oder bei einer Filmproduktion nachfragen, ob man Ihnen dort entsprechende Reststücke der eingesetzten Filterfolien überlässt.

Man muss den Blitz übrigens nicht immer in Richtung neutral umwandeln. Auch das Gegenteil ist möglich. Setzen Sie doch einmal eine rote Filterfolie vor den Blitz, stimmen Sie dann den Weißabgleich auf dieses Rot ab, indem Sie mit dem roten Blitz etwas fotografieren, und machen Sie anschließend mit dem Blitz Außenaufnahmen bei normalem Tageslicht. Die Bereiche, die der Blitz anstrahlt, sind mehr oder weniger korrekt beleuchtet, der Rest aber wird in völlig falschen Farben wiedergeben. Ein interessanter Effekt.

TIPP

Um unterschiedliche Lichtfarben in einem Bild mit Blitz und Kunstlicht zu vermeiden, kann man den Blitz auf das vorherrschende Umgebungslicht umfiltern.

1.40 Hochformat und Blitz

Bei vielen digitalen Kompaktkameras ist der Blitz etwas seitlich zur Objektivachse versetzt angeordnet. Während es bei Querformatbildern je nach Situation mal gut, mal schlecht sein kann, wenn der Blitz von link oder rechts kommt, ist die Lage des Blitzes bei Hochformataufnahmen viel wichtiger. Denn je nach Kamerahaltung kommt dann der Blitz entweder von unten oder von oben.

Licht von unten ist für den Betrachter ungewohnt und irritiert ihn. Das kann man natürlich bewusst einsetzen, es sollte aber nicht von einer eher zufälligen Art der Kamerahaltung abhängen.

TIPP

Halten Sie die Kamera im Hochformat möglichst so, dass der Blitz oberhalb des Objektives ist, sonst gibt es besonders bei Nahaufnahmen das in Filmen gerne für Horrorszenen eingesetzte Unterlicht.

1.41 Sie sehen zu wenig

Haben Sie sich auch schon einmal gewundert, warum ein Zaun, ein Fahnenmast oder irgendetwas anderes Störendes am Rand des Bildes doch noch mit fotografiert wurde? Wo Sie sich doch bei der Aufnahme darauf konzentriert haben, den Ausschnitt so zu legen, dass das störende Element außerhalb des Bildes bleibt?
Das kann daran liegen, dass Ihre Kamera Sie „beschummelt“ und Ihnen gar nicht das komplette Bild im Sucher zeigt.

Während es bei Sucherkameras wegen der **Parallaxe** eigentlich klar ist, dass das Sucherbild nur ungefähr mit dem fotografierten **Ausschnitt** übereinstimmt, sollte man bei Kameras, die das Motiv vor dem Fotografieren durch das Aufnahmeobjektiv zeigen, annehmen können, das sie das Bild auch so zeigen, wie es auf dem Film bzw. Sensor ankommt.
Doch das ist nicht der Fall. Bei den meisten digitalen Spiegelreflexkameras kann man im Sucher nur einen Ausschnitt des späteren Bildes sehen, einen 100%-Sucher sucht man meist vergeblich, denn der muss größer sein und ist damit kostspieliger.
Aber bei der Displaywiedergabe des Sucherbildes der Kompaktkameras, da kann man doch alles sehen? Nein, auch da wird meist nur ein Ausschnitt gezeigt.

Mit solchen Suchern wird es schwierig, das Bild bereits im Sucher zu komponieren. Man kann die während des Blickes durch den Sucher unsichtbaren, zusätzlich ins Bild kommenden Bereiche nicht präzise einplanen. So kann es passieren, dass man entweder den gedachten Ausschnitt zu eng setzt und so unwichtige oder gar unerwünschte Randbereiche ins Bild holt oder ihn zu großzügig einschätzt und erwünschte Details am Bildrand verliert.

Früher wurde gerne die Technik der Vergrößerungsgeräte als Grund für die zu knappe Sucheransicht herangezogen. Die Maschinen brauchten etwas „Spiel".
Es ist sicherlich auch bei digitalen Daten so, dass bei der maschinellen Weiterverarbeitung Randbereiche des Bildes wegfallen müssen, beispielsweise damit am Bildrand randloser Bilder keine „Blitzer" (unbelichtete Stellen) auftreten. Bei dieser Art der Papierbildproduktion muss man also mit etwas Verlust rechnen. Aber müssen es gleich bis zu 5 % oder gar 7 % sein?
Und was ist mit den Leuten, die Ihre Bilder selbst ausdrucken wollen und dabei bis auf wenige Pixel genau den Rand steuern können?

Natürlich kann (und wird) man einfach so weiter fotografieren, als würde der Sucher 100 % des aufgenommenen Bildes zeigen und nachher unerwünschte Randbereiche wegschneiden. Aber abgesehen von der Tatsache, dass so jedes Bild noch einmal bearbeitet werde müsste, fallen auf diese Art auch teuer bezahlte Pixel weg.
Bei einer Kamera mit 12 Megapixeln sieht die Rechnung mit einem 93%-Sucher so aus, dass 1,7 Megapixel im wegzuschneidenden Randbereich liegen.

100 % des Bildes	4368 * 2912 = 12.719.616
Beschnitt auf 93 %	4062 * 2708 = 10.999.896
„Verlust"	1.719.720

Solange möglichst präzise Sucher für die Verkaufschancen einer Kamera nicht so wichtig sind wie ein u.a. durch den billigeren Sucher möglichst günstiger Preis, wird sich bei dem Thema aber wohl nicht viel ändern. Sie werden also mit diesen Ungenauigkeiten leben und sie gegebenenfalls bei der Gestaltung Ihrer Bilder einplanen müssen.

Wenn Sie einen präzisen Bildausschnitt festlegen wollen, sollten Sie nicht ganz so anspruchsvoll sein. Der Sucher der meisten Kameras zeigt nur recht ungenau den tatsächlich fotografierten Bildbereich. Das gilt auch für viele Spiegelreflexkameras oder bei der Ausschnittwahl mittels Kameradisplay.
Richten Sie sich darauf ein, daß Sie auch bei genauer Ausschnittwahl das Bild in der Bearbeitung noch beschneiden müssen.

TIPP

1.42 Die Kamera ausrichten

Haben Sie immer wieder schiefe Horizonte im Foto? Läuft (wie bei Paulchen Panther) das Meer aus Ihren Bildern aus?
Bei diesem Problem kann Ihnen ein Sucher mit einblendbaren oder ständig sichtbaren Gitterlinien helfen. Damit lässt sich viel einfacher der Horizont parallel zu der unteren bzw. oberen Bildkante legen.

Nicht jede Kamera hat solche Gitterlinien, und sie lassen sich leider auch nur bei wenigen Kameras nachrüsten. Doch es gibt bei vielen Suchern kleine Helfer, die **Autofokusfelder**. Achten sie drauf, dass der Horizont parallel zu diesen Feldern verläuft, dann sollte er auch parallel zu den horizontalen Bildkanten liegen.

Machen Sie sich die im Sucher eingeblendeten Autofokusfelder zunutze. Sie können die Anzeige für die Autofokusmessfelder als Ersatz für einen Gittersucher einsetzen.

TIPP

Sollten Ihre Horizonte trotzdem immer noch schief sein, überprüfen Sie das Ganze doch mit einer per Stativ perfekt ausgerichteten Kamera. Es lässt sich nicht ausschließen, dass der Sensor oder der Sucher Ihrer Kamera etwas verdreht eingebaut worden ist. Dann sieht im Sucher zwar alles bestens aus, aber das Bild ist trotzdem schief. Ein Fall für den Service.

1.43 Panoramabilder ausrichten

Bei einem Panorama, dass Sie aus Einzelbildern zusammensetzen („stitchen“) wollen, müssen sich die einzelnen Bilder ausreichend überlappen.

Am besten gelingt das natürlich mit einem speziellen Stativkopf, aber es geht auch ohne. Manche Kompaktkameras haben dafür einen speziellen Modus, der das vorhergehende Bild am Rand im Sucher einblendet, damit man den neuen Ausschnitt daran ausrichten kann.

Mit einem Trick können Sie jedoch, je nach Kamera, ohne dieses Einblendungsfeature auskommen.

TIPP

Orientieren Sie sich zur Ausrichtung der Einzelbilder eines Panoramas an den unterschiedlichen Autofokusfeldern im Sucher der Kamera.

Das Motivdetail, das im ersten Bild am rechten Bildrand liegt, sollte bei Drehung nach rechts im nächsten Bild unter dem linken Autofokusfeld liegen, dann haben Sie meist ausreichend Überlappung.

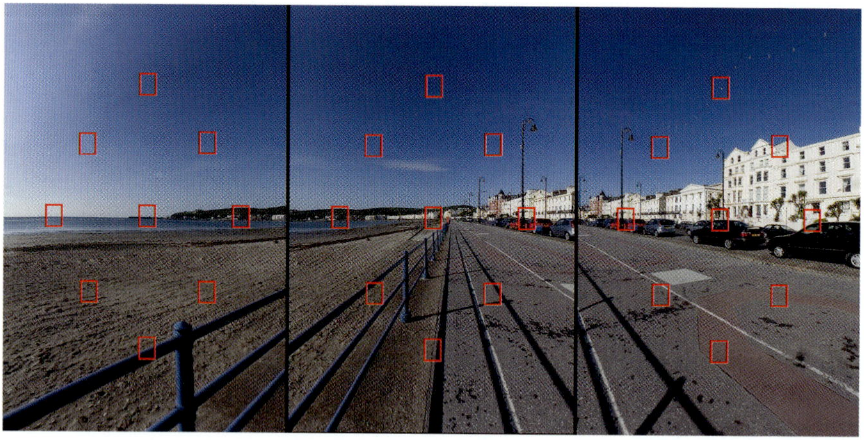

Der Horizont wird anhand der mittleren Reihe der Autofokusfelder ausgerichtet. Danach wird immer so weit nach rechts geschwenkt, dass der zuerst unter dem rechten Autofofokusfeld liegende Bidlbereich nach dem Schwenk unter dem linken Autofokusfeld zu liegen kommt.

1.44 Nodalpunktadapter

Für perfekt „gestitchte", also aus Einzelbildern zusammengesetzte Panoramen reicht es nicht, wenn die Einzelbilder sich ausreichend überlappen. Es gilt auch, mögliche Parallaxenfehler zu verhindern. Wenn Sie die Kamera um eine beliebige Achse verschwenken, um die Einzelbilder eines Panoramas aufzunehmen, haben womöglich zwei Motivdetails nicht mehr die gleiche Ausrichtung zueinander.
Sie können das selbst ausprobieren: Kneifen Sie ein Auge zu und verdecken Sie dann mit dem Daumen der ausgestreckten Hand ein in der Ferne liegendes Objekt.
Wenn Sie nun den Kopf drehen, wandert der Daumen scheinbar vor dem Hintergrund, weil Sie Ihren Kopf nicht um den Nodalpunkt des Auges gedreht haben. Die Achse, um die die Drehung stattfand, in diesem Fall also der Hals, liegt viel weiter hinten.
Zwei Bilder, bei denen nach einer Drehung die Vorder- und Hintergrundobjekte falsch zueinander liegen, kann man nicht oder nur unter Schwierigkeiten zu einem Panorama montieren. Damit die Vorder- und Hintergrunddetails bei zwei Bildern, die zu einem Panorama(teil) zusammengesetzt werden sollen, passend übereinstimmen, muss die Kamera also auf die richtige Art geschwenkt werden.

Dazu muss in erster Linie der sogenannte Nodalpunkt beachtet werden. (Dieser Name hat sich eingebürgert, obwohl er den Sachverhalt nicht ganz richtig beschreibt. In letzter Zeit wird in der Literatur immer häufiger der „NPP", der No-Parallax-Point, erwähnt.) Meist liegt der Nodalpunkt innerhalb des Objektivs, also deutlich vor dem Aufnahmepunkt für die Stativschraube. Deshalb bestehen einfache Nodalpunktadapter für Panoramen mit der Kamera im Querformat oft nur aus einer (Alu-)Schiene, mit deren Hilfe der Drehpunkt unter das Objektiv verlagert werden kann. Und mit einem Langloch wird das Ganze für unterschiedliche Brennweiten/Objektive flexibel. Solche Nodalpunktadapter kann man meist für wenig Geld aus Baumarktteilen aufbauen.
Aufwendiger wird es, wenn die Kamera (für eine größeren vertikalen Bildwinkel, also für mehr Höhe im Panorama) im Hochformat befestigt werden soll. Dann braucht man einen Winkel. Mit etwas handwerklichem Geschick und einigen Teilen aus dem Baumarkt kann man sich so etwas auch selber bauen.
Ich bin bei meinen Eigenkonstruktionen später von Stuhlwinkeln und Ähnlichem auf Aluschienensysteme umgestiegen.

Man kann auch direkt am Objektiv eine Schelle befestigen. Ich setze z.B. eine Wasserrohrschelle aus dem Baumarkt ein.

Rohrschelle als Nodalpunktadapter

Wenn die ganze Einheit aber auch noch nach oben und geschwenkt werden soll, um durch mehrere Aufnahmereihen den in der Bildhöhe erfassten Blickwinkel zu steigern, wird es schnell zu knifflig für simple Eigenbaulösungen. Im Zubehörhandel gibt es aber entsprechende Lösungen zu kaufen.

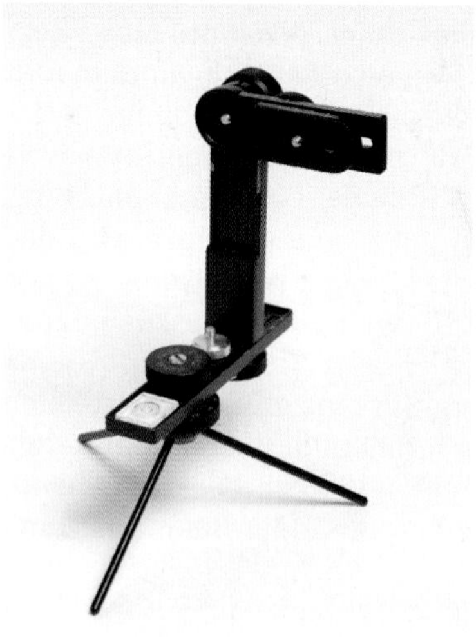

Nodalpunktadapter « Nodal Ninja »

1.45 Panorama per umgedrehtem Kopf

Damit beim späteren Panorama der Horizont nicht „eiert“, ist es wichtig, die Kamera präzise zum Horizont auszurichten. Die Drehachse muss dann genau senkrecht stehen.
Leider liegt bei den meisten Stativköpfen der Drehbereich unterhalb des Ausrichtbereiches. Bei Kugelköpfen liegt sitzt dann die Kugel mit der Kamerabefestigung oberhalb des Drehtellers. Und dadurch kann die Kugel leider nicht zur Ausrichtung der Drehachse eingesetzt werden, die Achse würde eiern.
(Zusätzlich kann die Kugel sogar selbst bei präzise waagerechter Ausrichtung des Drehtellers noch zu Problemen führen, wenn sie nämlich so eingestellt ist, dass die Kamerabefestigung nicht präzise in der Drehachse liegt. Dann würde beim Schwenk die Kamera „eiern“.)
Doch es gibt Abhilfe, befestigen Sie den Kugelkopf einfach falsch herum. Die Kamerabefestigung wird dazu in eine Buchse mit passendem (zölligem) Innengewinde gedreht (gibt es unter anderem vom Stativhersteller Manfrotto) und dann mit dem Drehteller nach oben auf dem Stativ befestigt. In das Stativ kommt nun ein Stift bzw. eine Gewindestange mit beidseitigem passenden (zölligem) Außengewinde. Daran wird auch die Kamera bzw. die Schiene des Nodalpunktadapters befestigt. Überwurfmuttern helfen dann, das ganze gegen unerwünschtes Lösen zu sichern.
Wer seinen Nodalpunktadapter selber baut, kann auch auf die Gewindestange oder den Stift verzichten und ein Loch in den NA machen durch den dann eine einfache Stativschraube in den Drehteller des Kugelkopfes gedreht wird.

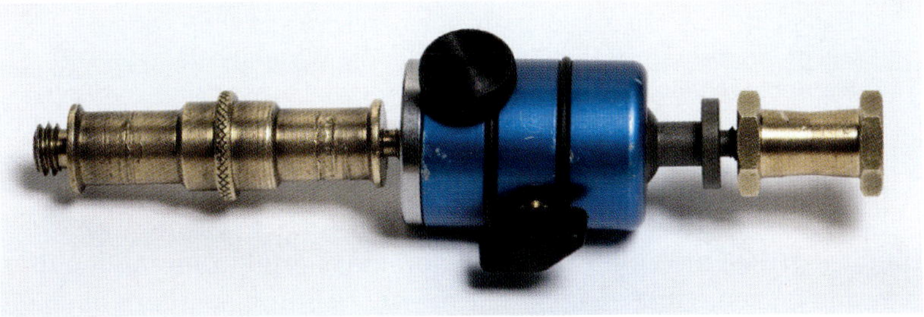

Mit der rechts abgebildeten Buchse kann der Stativkopf falsch herum am Stativ befestigt werden. Und am links abgebildeten Spigot-Adapter wird die Kamera bzw. der Nodalpunktadapter festgemacht.
(Bezugsquellen siehe Website zum Buch http://www.fotolehrgang.de/100tippsundtricks/index.php)

Nun kann mit der Kugel der Drehteller waagerecht (und damit die Drehachse senkrecht) eingestellt werden. Dem perfekt ausgerichteten Panorama steht nichts mehr im Wege.

TIPP

Mit einem umgekehrt befestigten Kugelkopf erhalten Sie eine hervorragende Panoramaplattform.

Dadurch, dass die Kugel nach unten zeigt, kann die Drehachse auch bei schräg stehendem Stativ in die Waagerechte gebracht werden. So bleibt die Kamera auf den Horizont ausgerichtet.

1.46 Panorama belichten

Damit sich die Einzelbilder eines Panoramas perfekt zueinander überblenden lassen, müssen nicht nur die Ausrichtung, sondern auch die Helligkeit und die Farbe möglichst gut zueinander passen. Deshalb ist es hilfreich, die Bilder mit einer festen (manuellen) Belichtungseinstellung und einem festen Weißabgleich zu fotografieren. Dann lassen sich die Einstellungen nicht durch unterschiedlich helle Bildausschnitte aus dem Tritt bringen.

Die Belichtung stellt dabei oft einen Kompromiss dar, weil sowohl helle (sonnenbeschienene) als auch dunkle (im Schatten liegende) Motivbereiche im Bild sein können. Auch bei Panoramen ist es dann besser, die hellen Bereiche stärker zu berücksichtigen und evtl. etwas knapper zu belichten, um ein Clipping zu verhindern. Der Betrachter wird zulaufende Schatten eher akzeptieren als ausgefressene Lichter.
Die Einzelbilder des Panoramas sollten sie zügig hintereinander aufnehmen. Wenn zwischen erster und letzter Aufnahme eines Panoramas mehrere Minuten liegen, können es schnell ziehende Wolken unmöglich machen, Start- und Endbereich des Panoramas gut zu überblenden.

1.47 Trennbilder fotografieren

Wenn Sie eine Reihe von Bildern fotografieren, wird es später oft schwierig, die Spreu vom Weizen zu trennen. Das gelingt während des Fotografierens leichter, da Sie da näher am Entscheidungsprozess sind.
Nun könnten Sie natürlich das nicht mehr gewollte Bild einfach sofort löschen. Doch das würde den gestalterischen Prozess unterbrechen.
Etwas später das Bild zu löschen ist meist auch nicht so einfach, denn dann müssten Sie die Entscheidung aufgrund der Vorschau auf dem kleinen Kameradisplay treffen.
Es wäre praktisch, könnte man sich selbst direkt beim Fotografieren eine Botschaft am Bild hinterlassen, die dann später bei der Übersicht über die Bilder einer Speicherkarte auffällig das gewollte vom ungewollten Bild trennt. Auch zur Unterscheidung von Aufnahmeserien ähnlichen Inhaltes oder von Bildergruppen, die z.B. für Panoramen zusammenhängend weiterverarbeitet werden sollen, wäre eine Kennzeichnung der Bilder(gruppen) praktisch.
Doch leider bieten die Kameras so etwas nicht an, Sternchen, Flags und Markierungsfarben kann man erst später am Computer vergeben. Und außerdem würde es den Prozess des Fotografierens vermutlich fast genauso störend unterbrechen wie ein sofortiges Löschen ungewollter Bilder.
Ich habe mir deshalb angewöhnt, zur Trennung von Bildergruppen und zur Kennzeichnung von Löschkandidaten „Leerfotos“ zu fotografieren. Ich halte dazu dann nur kurz meine Hand deutlich sichtbar ins Bild und mache ein Foto. Später kann ich durch die „Handfotos“ schnell entscheiden, welche Bilder zusammengehören oder welches das gemeinte Bild und welches der Löschkandidat ist.

Wichtig: Ich habe den Autofokus vom eigentlichen Auslösevorgang getrennt (siehe Tipp Seite 35), und das Trennbild fotografiere ich mit der vorherigen Fokuseinstellung – das Bild muss ja nicht scharf werden. Dadurch brauche ich mein Bild anschließend nicht neu zu fokussieren.

TIPP

Mit Trennbildern, z.B. einem Foto Ihrer Hand, können Sie Bilderserien trennen, um Sie später am Computer leichter als zusammengehörig zu erkennen. Sie können so auch schon bei der Aufnahme die Kandidaten für ein späteres Löschen kennzeichnen.

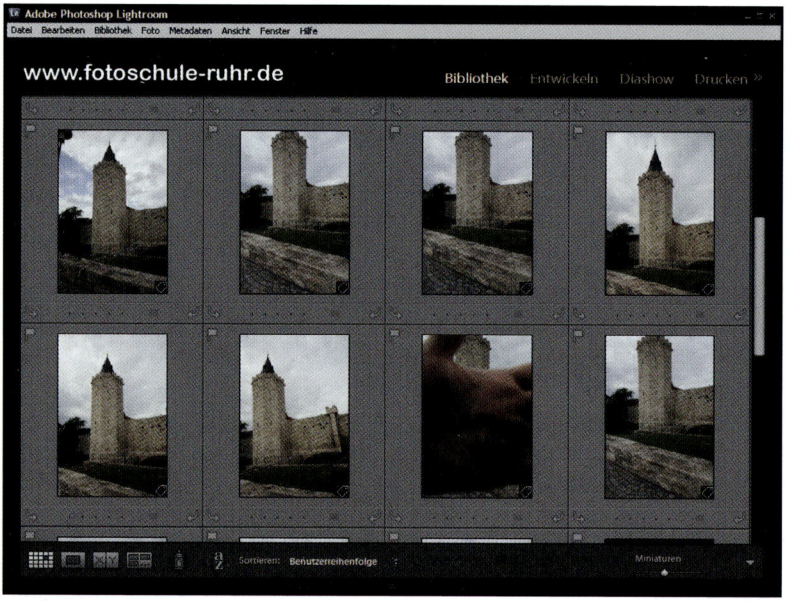

Durch ein Foto der Hand lassen sich Bildergruppen im Browser schnell voneinander trennen.

1.48 Zur richtigen Tageszeit fotografieren

Wenn Sie im Urlaub unterwegs sind und in einer fremden Stadt fotografieren möchten, werden Sie immer wieder mit einer ungünstig stehenden Sonne rechnen müssen. Gleiches gilt natürlich auch für Landschaftsaufnahmen.

Vielleicht steht die Sonne direkt hinter dem Motiv; dann wird Ihr Foto entweder einen ausgefressenen Himmel haben oder ein Schattenriss sein. Oder die Sonne steht direkt hinter Ihnen; dann werden Strukturen oder Verzierungen in der Fassade oder Felsvorsprünge in der Gebirgswand nicht deutlich, weil die fürs Modellieren nötigen Schatten ganz schmal und klein sind.
Sie sollten dann auf jeden Fall trotzdem ein Bild machen, vielleicht erhalten Sie wetterbedingt keine weitere Chance, das Gebäude, den Platz oder den Gebirgszug zu fotografieren.
Aber geben Sie sich mit diesem Notbild nicht zufrieden. Versuchen Sie, vor Ort abzuschätzen, zu welcher Tageszeit die Sonne für das Bild besser stehen würde. Das ist anfangs etwas ungewohnt, aber nach einigen Versuchen werden Sie das schon ganz gut hinbekommen.
Auf der nördlichen Halbkugel wandert die Sonne immer im Uhrzeigersinn. Wenn Sie also das Licht lieber von weiter links hätten, sollten Sie beim nächsten Mal deutlich früher da sein; wenn es besser von rechts käme, können Sie später noch einmal wiederkommen.
Eine große Hilfe, um Aufnahmen von Gebäuden schon zu Hause vorzubereiten, ist ein Landkartendienst mit Satellitenbildern wie z.B. Google Maps oder Google Earth. Hier können Sie die Ausrichtung vieler Gebäude aus der Luft sehen und schon zu Hause entscheiden, ob Sie besser morgens, mittags oder abends fotografieren.

1.49 Aufnahmefilter 1

Viele Filter aus der guten alten Analogzeit werden Sie für die Digitalfotografie nicht mehr benötigen, egal, ob es sich dabei um Effektfilter handelt oder z.B. um die für die Kontraststeuerung in der Schwarzweiß-Fotografie benötigten Farbfilter. (Wie Sie den Kontrast bei der SW-Wandlung digital beeinflussen, finden Sie auf Seite 138 erklärt.)

Aber es gibt Filter, auf die Sie nicht verzichten sollten.

Der **Polfilter** ist einer der wenigen Filter, deren Wirkung sich mit den Mitteln der Bildbearbeitung nicht oder nur sehr aufwendig nachahmen lässt.
Seine Funktion ist eigentlich recht einfach. Er lässt nur eine bestimmte „Sorte“ Licht durch. Da nichtmetallische Reflexionen, z.B von Wasser, Glas oder Plastik und Lackoberflächen, nur aus einer besonderen Art Licht bestehen, kann man diese Reflexionen mit einem Polfilter quasi unsichtbar machen, indem man ihn durch Drehen

so stellt, dass er genau die unerwünschte Reflexion unterdrückt. Solche Reflexionen entstehen nicht nur auf Flächen wie z.B. einer Glasscheibe, sondern sie sind auch auf Wassertropfen zu finden. Die Atmosphäre ist voll von solchen Wassertropfen, die das Sonnenlicht reflektieren. Wenn man nun genau dieses Reflexion unterdrücken kann, so wird der Himmel dunkler, und die blaue Farbe wird gesättigter.
Das ist einer der Haupteinsatzzwecke für einen Polfilter. Aber auch die Oberflächen von Pflanzen reflektieren das Sonnenlicht. Durch einen Polfilter wird das Gras grüner.

Die Stärke der Filterwirkung ist nicht nur von der Drehung des Filters abhängig, sondern auch vom Winkel zwischen Lichtquelle und Motiv. Deshalb lässt sich nicht immer das gewünschte Ergebnis erzielen.

Es gibt **zwei Typen Polfilter**, die man danach unterscheidet, wie das Licht aus dem Filter kommt. In den meisten Fällen werden Sie (wie für viele Autofokuskameras üblich) einen der etwas teureren „Circular"-Polfilter brauchen.

TIPP

Viele Filter aus der analogen Zeit der Fotografie brauchen Sie für die Digitalfotografie nicht, einige Filter aber doch. Einen Polfilter können Sie nicht ersetzen, seine Wirkung lässt sich mit der Bildbearbeitung nicht nachahmen.

1.50 Aufnahmefilter 2

Ein weiterer Filter für die Digitalkamera ist der Verlaufsfilter. Er ist farblich neutral und hat einen klaren und einen etwas abgedunkelten Bereich. Dieser Filter erlebt in der Digitalfotografie eine regelrechte Renaissance, denn hohe Kontrastunterschiede im Motiv stellen hier oft ein Problem dar.
Mit einem Verlaufsfilter kann man z.B. den oberen Teil des Bildes, den hellen Himmel, bei der Aufnahme abdunkeln. Dadurch wird er in der Helligkeit etwas an den dunkleren Bereich des Bildes angeglichen, der Kontrast sinkt. Das Bild kann so reichlicher belichtet und die dunklen Partien können heller werden, ohne dass die hellen Bereiche im Himmel „ausbrennen".

Auch der Neutraldichtefilter lässt sich durch Bildbearbeitungsmittel nicht ersetzen. Es handelt sich bei ihm gleichsam um einen Verlaufsfilter ohne Verlauf, also einen das gesamte Bild gleichmäßig abdunkelnden Filter.
Solch ein Filtertyp ist sehr hilfreich, wenn Sie längere Belichtungszeiten wollen, z.B. um einen Springbrunnen oder die Wellen am Meer schön verfließen zu lassen.
Möchten Sie so etwas womöglich noch mit wenig Schärfentiefe – also weit geöffneter Blende – kombinieren, kann die sich ergebende Belichtungszeit trotz niedrigster ISO-Einstellung noch viel zu kurz sein. Dann hilft ein ND-Filter.
Diese Filter gibt es in unterschiedlichen Stärken. Die aufgedruckten Werte geben an, um wie viel die Belichtung intensiviert werden muss.
4-fach heißt, dass die Belichtungszeit um zwei Stufen (z.B. von $^1/_{250}$ über $^1/_{125}$ auf $^1/_{60}$) verlängert werden muss. Natürlich kann man auch die Blende weiter öffnen, aber das ist in den meisten Anwendungsfällen nicht erwünscht.

2-fach erfordert	1 Stufe
4-fach	2 Stufen
8-fach	3 Stufen
64-fach	6 Stufen
1.000-fach	10 Stufen
10.000-fach	13 Stufen
1.000.000-fach	20 Stufen

Es lassen sich auch mehrere Filter kombinieren, aber Vorsicht: Das ist der Bildqualität nicht unbedingt zuträglich.

Stattdessen lässt sich ein Filter aus zwei Polfiltern bauen, die stufenlos ansteigend das Licht ausblenden, wenn man sie gegeneinander verdreht. Aber auch hier gilt: Jeder unnötige Filter ist einer zu viel, ein einzelner passender ND-Filter ist optisch die besser Wahl.

Natürlich könnten Sie einen oder mehrere Filter dazu einsetzen, die benötigte Belichtungszeit so stark zu verlängern, dass Menschen oder Fahrzeuge auf belebten Straßen und Plätzen „transparent“ abgebildet werden. Aber oft ist das Ergebnis eine Art „Menschennebel“, aber kein menschenleerer Platz.
Besser geht das mit der auf Seite 103 vorgestellten Technik, einer Kombination aus mehreren Belichtungen und etwas Bildbearbeitung.

1.51 Festsitzende Filter lösen

Einen festsitzenden Filter kann man mit speziellen Filterzangen oder Filterklemmen aus dem Zubehörhandel lösen. Tritt dieses Problem nur gelegentlich auf, kann man sich dieses Werkzeug vielleicht sparen.

Um den Filter zu lösen, reicht es oft, das Objektiv mit dem Filter voran vorsichtig gegen ein mit der Moosgummiseite nach oben auf dem Tisch liegendes **Mousepad** zu drücken. Halten Sie das Pad fest und drehen Sie das Objektiv vorsichtig vom Filter herunter.

1.52 Sachaufnahme / Aufnahmetisch / Hohlkehle

Ein beliebter gestalterischer Trick bei Sachaufnahmen ist der unendliche Horizont. Anstatt dass im Hintergrund des Bildes eine Wand oder irgendetwas anderes sichtbar wird, lässt man den Untergrund des Motivs einfach weiterlaufen.
Das bringt Ruhe ins Bild und verhindert, dass der Betrachter vom eigentlichen Bildinhalt abgelenkt wird.
Solch ein Hintergrund ist schnell gemacht: Stellen Sie den Gegenstand einfach auf ein ausreichend großes Stück Papier oder Pappe. In einigem Abstand biegen Sie das Papier nach oben, ohne dass ein Knick entsteht. Die so entstehende „Hohlkehle" ist für die Kamera praktisch unsichtbar, der Untergrund scheint ins Unendliche zu laufen. Die Pappe oder das Papier können Sie von hinten mit einem beliebigen Gegenstand abstützen.
Auf die Art brauchen Sie wenig Platz und erwecken trotzdem den Eindruck großer Weite. Auch die Beleuchtung ist so einfacher, weil es kein Problem mit dem Lichtabfall in die Tiefe gibt. Der Hintergrund würde sonst in größerer Entfernung durch den Abfall der Beleuchtungsintensität vielleicht zu dunkel werden.

Wenn Sie so etwas häufiger brauchen, sollten Sie sich vielleicht einen Aufnahmetisch kaufen (oder selber bauen, im Internet gibt es dazu einige Anleitungen).
Wenn es preiswert und trotzdem transportabel sein soll, könnte eine Plexiglasplatte die Lösung sein. Eine solche Platte erhalten Sie im Baumarkt oder im Architektenbedarf (die bauen aus dem Material gelegentlich ihre Modelle).

Die Größe hängt von Ihren Motiven und Transport- und Aufbaumöglichkeiten ab, 50 x 100 cm sind ein guter Mittelwert.
Bohren Sie in jede der Ecken ein kleines Loch und verbinden Sie je zwei Löcher, die an einer Längsseite liegen, mit einer Schnur (oder einer kleinen Kette). Wenn Sie die Schnur spannen (am einfachsten, indem Sie hinter dem Loch einen entsprechend großen Knoten machen), erhalten Sie eine kleine Hohlkehle. Je nach Wunsch können Sie so die Originaloberfläche des Plexiglases nutzen oder eine ausreichend große Pappe oder ein Stück Stoff oder ...

Die Beleuchtung ist abhängig von Ihren Motiven. Wenn diese keine reflektierenden Oberflächen haben, reicht ein großes (Nord-)Fenster hinter der Kamera (die dann auf dem Stativ stehen sollte) aus. Auf Wunsch können Sie das Fensterlicht noch „weicher" machen, indem Sie weißen Stoff (als Billiglösung: einen weißen Duschvorhang) vor das Fenster spannen.
Oder Sie fotografieren an einem bewölkten Tag draußen. (Denken Sie in beiden Fällen an den Weißabgleich auf „Wolke".)

Nicht zuletzt können Sie auch indirekt mit dem Blitz gegen die Decke oder eine Wand blitzen. Für Produktfotos für Onlineauktionen etc. reicht ein solches improvisiertes Licht meist aus.

2. Bildgestaltung

Der zentrale Vorgang der Fotografie ist die Belichtung. Dabei werden die Grundlagen für das Bild gelegt. Was hier nicht aufgezeichnet wird, kann später höchstens noch „dazugemalt" werden. Während der Anfänger die Belichtung heutzutage meist zu Recht der Automatik überlässt, sollte man bei gestiegenen Ansprüchen an die eigenen Bilder die Gestaltung bewusst steuern. Das umfasst nicht nur die technischen Möglichkeiten, sondern auch die Wahl von Aufnahmeort und -zeitpunkt sowie das Arrangement der Bilddetails.

Die Tipps in diesem Teil des Buchs sollen Ihnen helfen, Ihre Bilder besser zu verpacken. Diese Verpackung ist dann nötig, wenn der Inhalt des Bildes für den Betrachter nicht sehr wichtig ist und Sie ihn trotzdem fesseln wollen. Wenn Sie (als Zigtausendster) auf den griechischen Inseln weiße Windmühlen vor blauem Wasser fotografieren, ist der Aha-Effekt für die meisten Betrachter – Sie selber eingeschlossen – weg („tausendmal gesehen").
Um die Bilder für sich und andere interessant oder zumindest angenehm zu machen, können Sie verschiedenen Wegen folgen.
Der eine – der schwierigere und nicht immer mögliche – Weg besteht darin, die Szenen so neu und ungesehen zu fotografieren, dass der Zuschauer (wieder) gefesselt wird. Doch das erfordert neben Begabung auch viel Erfahrung und oft auch einiges an Zeit, sich mit dem Motiv auseinanderzusetzen.

Falls das Fesselnde, Interessante im Bild nicht so stark ist, dass es den Betrachter sofort anspringt, kann man ihn auch durch andere Mittel im Bild halten. Man kann ihn regelrecht durch das Bild lenken, z.B. durch tatsächlich im Bild vorkommende Linien oder durch Motivdetails, die aufgrund ihrer Form, ihrer Farbe oder Helligkeit oder aus anderen Gründen ähnlich sind und zwischen denen der Betrachter dann gedanklich Linien zieht.
Eine andere Art der Steuerung des Betrachters beruht auf der menschlichen Wahrnehmung. Helle Bereiche sehen wir eher als vorn oder nah an, dunkle Bereiche als entfernt. Was hell ist, ist so oft wichtiger. Und auch mit Schärfe bzw. Unschärfe können wird den Betrachter durch das Bild führen.

Ein anderer Weg besteht darin, die „Verpackung" des Bildes zu perfektionieren, damit es für den Betrachter „besser" wird. Dazu muss man lernen, mit dem Geschenkpapier und den Bändern und Schleifen der Gestaltung umzugehen. Viele Betrachter Ihrer Fotos werden eine schön gebundene Schleife einem unordentlich „verknubbeltem" Schnürsenkel vorziehen (um in dem Bilde zu bleiben).

Es ist sowohl für die Lenkung des Betrachters als auch für die passende Verpackung des Inhalts wichtig, die Erwartungen und Wünsche der Menschen kennenzulernen. Von diesen Erwartungen kann man einige Regeln ableiten.
Diese „Gestaltungsregeln" werden Sie nicht unbedingt zu einem großen Künstler machen, aber sie helfen Ihnen dabei, Bilder zu fotografieren, die der Betrachter gerne ansieht.
Wenn Sie diese Regeln erst einmal kennen, können Sie damit spielen wie ein Musiker, der auf seinem Instrument improvisiert. Und Sie können sie natürlich auch bewusst brechen, um etwas Neues zu schaffen.

2.1 Üben, Üben, Üben

Die folgenden Tipps zum Thema „Gestaltung“ sollten Sie als Anleitung zu gezielten Üben verstehen.
Sie sollten darauf achten, das Üben nicht mit dem Fotografieren zu verwechseln. Zum Üben suchen Sie sich bitte nicht Ihren nächsten Städtetrip aus, denn es wäre schade, wenn Sie mit den Motiven von Paris, London oder Rom übten.
Für das Üben sollten Sie stattdessen etwas Unwichtiges, zumindest aber Wiederholbares wählen. Gehen Sie einfach immer dann, wenn Sie eine Stunde oder etwas mehr Zeit fürs Fotografieren haben, in den nächsten Stadtpark, in den Garten oder auf den Marktplatz.
Die Motive sind dabei egal, es geht um die Beherrschung der Gestaltungsmittel, die Ihnen die Kameratechnik und die „Ausschnitthaftigkeit“ des Bildes zur Verfügung stellen.

2.2 Lassen Sie sich Zeit

Fotografie, das geht ruck, zuck. Zumindest vermittelt die Werbung oft diesen Eindruck. Doch das ist falsch. Sie brauchen Zeit. Nicht für die Belichtung, das geht tatsächlich in Sekundenbruchteilen. Aber die Gestaltung braucht zumindest zu Anfang Zeit, denn es gilt einiges zu beachten.

Die meisten Anfänger glauben fälschlich, dass sie nur ein Foto von einem Objekt machen. Doch auf dem Foto findet sich fast immer viel mehr als nur dieser Gegenstand.
Andere Objekte sind im Bild und konkurrieren um die Aufmerksamkeit oder formen Vorder- oder Hintergrund. Es ist wichtig, diese Objekte und Ihre Eigenschaften bei der Gestaltung zu beachten. Dazu gehört es, die Bilder schon im Sucher aufmerksam zu beachten.

TIPP

Nehmen Sie sich Zeit für die Bildgestaltung. Ein Bild, das Sie „husch, husch“ und ohne Überlegung machen, wird Sie in den meisten Fällen nicht zufriedenstellen. Wenn Sie dagegen gezielt die verschiedenen Faktoren (sowohl in Bezug auf die Aufnahmetechnik als auch auf die Wahl von Standort und Zeitpunkt) bei der Erstellung des Bildes beachten, werden Sie vom selben Motiv womöglich mehrere schöne Fotos erhalten.

2.3 Den richtigen Moment treffen

In der Fotografie ist es wichtig, den richtigen Moment zu treffen. Dazu muss man Glück haben. Doch kann man dem Glück unter die Arme greifen und das Spontane planen.

In erster Linie gilt es dabei, die Kameratechnik so weit wie möglich vorzubereiten.

Wenn Sie erst noch die Kamera aus der Tasche holen, die Brennweite wählen, die Entfernung einstellen (lassen) und die Belichtung(sautomatik) überprüfen müssen, ist das Motiv meist schon lange verschwunden, der entscheidende Moment ist verpasst. Es ist besser, einige dieser Einstellungen bereits vorher vorzunehmen. Das geht natürlich nicht in jeder Situation. Doch oft genug bleibt z.B. die Beleuchtung über einen längeren Zeitraum konstant. Dann reicht es, einmal die Belichtungswerte (Zeit und Blende und ISO) passend manuell einzustellen, um für die noch kommenden Aufnahmen gewappnet zu sein. Bei der Digitalkamera können Sie diese Einstellung mit Histogramm und Clippinganzeige überprüfen.

Dann ist es egal, ob das kommende Motiv viel oder wenig Licht reflektiert. Die Automatik der Kamera würde durch eine solche unterschiedliche Reflektion womöglich zu einer Fehlbelichtung veranlasst, doch dank der auf die herrschende Beleuchtung vorausschauend abgestimmten Einstellung von Zeit und Blende (und gegebenenfalls Empfindlichkeit) wird das Bild richtig belichtet sein.

Wenn sich im Laufe der Zeit die Beleuchtung ändert, zum Beispiel weil Sie von der Almwiese in den Wald kommen oder weil Sie auf die Schattenseite der Straße wechseln, müssen Sie die Belichtungseinstellung natürlich korrigieren, um dann wieder im Rahmen der nun geänderten Bedingungen vorbereitet zu sein.

Die Scharfeinstellung könnte auch der **Autofokus** erledigen. Aber er lässt sich durch unwichtige Details im Bild irritieren, so dass das Ergebnis der Fokussierung eigentlich immer noch überprüft werden muss. Der Autofokus „weiß" außerdem auch nicht, welcher Bereich in der Tiefe des Bildes scharf sein soll. Wenn Sie, statt für jede Aufnahme den Autofokus zu benutzen, die Schärfe einmal fest so einstellen, dass durch die **Schärfentiefe** ein ausreichend großer Bereich abgedeckt ist (in dem sich dann vermutlich das kommende Motiv befinden wird), kann eigentlich nicht mehr viel schiefgehen.

Zur Bestimmung der Schärfentiefe ist die verwendete Brennweite (in Relation zum Aufnahmeformat) entscheidend, gesteuert wird die Schärfentiefe durch die verwendete Blendenöffnung.

Auch die Brennweite beinflusst die Schärfentiefe, doch in der Praxis wird sie (trotz Zoomobjektiv) nicht so oft gewechselt. Denn bei vielen Motiven ist ja die Brennweite, die Sie verwenden müssen, durch die voraussichtliche Aufnahmeentfernung vorgegeben.

Wenn Sie zum Beispiel im Stil klassischer „Streetphotography" Passanten auf der Straße fotografieren wollen, werden Sie meist ein Weitwinkel benutzen. (Tele-Bilder haben durch Ihre „gefühlte Perspektive" eine andere, in diesem Fall oft nicht gewünschte Wirkung.) Die Entfernung zu Ihren Motiven wird dann voraussichtlich irgendwo zwischen 1,5 m und 4 m liegen. Dieser Bereich wird mit einer mittleren Blende (8 oder 11, je nach Brennweite und Sensorgröße) von der Schärfentiefe abgedeckt.

TIPP

Denken Sie daran, nach einer Veränderung der Blende auch noch die Belichtungszeit an den geänderten Blendenwert anzupassen.

Wenn so Entfernung und Blende einmalig korrekt eingestellt sind, ist der Autofokus für alle weiteren Bilder unter diesen Aufnahmebedingungen unnötig.
Zu anderen Gelegenheiten ist die vermutliche Aufnahmeentfernung oft ebenfalls auf einen mehr oder weniger großen Bereich festgelegt. Wenn Sie die Kinder im Sandkasten fotografieren wollen, ist dieser Bereich genauso klar begrenzt wie beim Hund, der auf dem Trainingsplatz über ein Hindernis springt.

Bei vielen digitalen Spiegelreflexkameras können Sie die Zwangsverbindung zwischen Auslöserknopf und Autofokus trennen, so dass die Schärfe nicht (in diesem Fall ungern) jedes Mal neu eingestellt wird, wenn Sie den Auslöser drücken. Das geht in der Regel über die Benutzereinstellungen (Custom Functions) der Kamera. Ziehen Sie die Bedienungsanleitung zu Rate (siehe Tipp 1.21, Seite 35).

Sollten Sie eine solche Möglichkeit nicht finden, können Sie zur Not auch (oft an den Objektiven) den Autofokus komplett abschalten. Bei digitalen Kompaktkameras gibt es solche Funktionen in der Regel leider nicht, da müssen Sie mit der Unsicherheit des Autofokus leben. Zum Glück haben diese Kameras dank der meist kleinen Sensoren eine relativ große Schärfentiefe, wodurch das Problem etwas geringer wird.

TIPP

Wenn Sie die Kamera nicht nur auf die vermutlich passende Belichtung, sondern auch auf die richtige Aufnahmeentfernung eingestellt haben, sind Sie bestens vorbereitet. Wenn Ihnen nun eine spannende Situation „vor die Linse“ kommt, müssen Sie nur noch die Kamera heben, den Ausschnitt wählen und auslösen.

Und im Gegensatz zur automatischen Belichtung sind Sie sicher, dass dann sowohl die Belichtung als auch der Schärfeverlauf im Bild so sind, wie **Sie** es wollen.

2.4 Nicht aufhören

Es reicht nicht, nur bereit zu sein, man muss auch lange genug dabeibleiben, um sicher zu sein, den richtigen Zeitpunkt zu treffen. Sie sollten Situationen zu Ende fotografieren.

Oft ist gar nicht klar erkennbar, wann eine Situation ihren Höhepunkt erreicht hat. Wenn der Ablauf nicht (wie z.B. bei einer Hochzeit in der Kirche) feststeht, können Sie nicht wissen, was als Nächstes kommt. Wenn Sie die Kinder im Sandkasten fotografieren, kann es sein, dass dieser aktuelle Moment die schönste Situation für ein Foto ist und im nächsten Augeblick alles vorbei ist, weil die Kinder sich dann streiten (übrigens auch ein interessantes Fotothema!).
Andererseits kann sich die Situation noch verbessern, z.B. weil noch weitere Kinder dazukommen.
Wie sich solche Momente entwickeln, ist schwierig einzuschätzen, deshalb machen Sie in solchen dynamischen Situationen immer viele Bilder. Das war früher in „Analogistan“ ein teures Vergnügen.

Mit der digitalen Fotografie ist der Preis für eine einzelne Aufnahme mittlerweile nahezu gleich null, der Kostendruck also drastisch gesunken. So haben Sie die Möglichkeit, eine Situation zu verfolgen und auf **den** Moment zu warten.
Auf die Art füllt sich zwar recht schnell die Speicherkarte, aber Speicher ist heute ziemlich preiswert, und es wäre schade, den entscheidenden Moment aus Sparsamkeit zu verpassen.
Damit Sie in den Bildern nicht ertrinken, ist es aber wichtig, dass Sie möglichst zeitnah (am Rechner) die Bilder durchgehen und die Spreu vom Weizen trennen. Zeitnah deshalb, weil Sie so besser wissen, was Sie in der Situation gedacht und gefühlt haben, und so besser entscheiden können, welches der Bilder das richtige ist.

2.5 Fläche, Form und Umriss

Fast alle Objekte, die auf einem Bild erscheinen, haben einen Umriss. Dieser Umriss kann einfach oder kompliziert, technisch, geometrisch oder organisch sein. Er grenzt die Fläche eines Objekts von seinem Umfeld (oft der Hintergrund) ab. So bildet sich an der Form eine Art zweiter Umriss, die Negativform, die den Rest, das Nichtobjekt, den Hintergrund umfasst.

Aus dem Gegensatz oder Ähnlichkeit von Umrissen in einem Bild können Sie z.B. Spannung erzeugen. Kombinieren Sie probehalber einmal einen Apfel (einfacher runder organischer Umriss) mit einem Messer (gerader, eher technisch geometrischer Umriss). Oder eine einfache Tulpenblüte mit einer Ziegelsteinmauer.

Sie haben dann in dem Bild zugleich rund und gerade, Form (Volumen) und Fläche kombiniert.

2.6 Anordnung von Bildelementen

Das Foto hält immer nur einen räumlich und zeitlich begrenzten Ausschnitt der „Realität“ fest. Ein wichtiges gestalterisches Mittel ist es, sich diese Begrenztheit zunutze zu machen und die Objekte – mit Fläche, Umriss und Form – in Raum und Zeit anzuordnen bzw. sich anordnen zu lassen.
Sie können dabei Regie führen und aktiv in das Motiv eingreifen. Das geht bei Gruppenaufnahmen, die Sie arrangieren, genauso wie beim Aufbau des Porzellanservice, das sie für eine Auktion fotografieren wollen. Dieses Arrangieren und Regieführen kann eine ganz grundlegend gestalterische Tätigkeit des Fotografen sein.
Andere Fotografen gestalten, indem sie den idealen Standort und Ausschnitt suchen, um ein bereits vorhandenes Arrangement perfekt wiederzugeben. Dieses Arrangement kann wie eine Landschaft eher natürlichen Ursprungs sein oder wie eine Parkanlage oder eine Gebäudegruppe stark vom Menschen geplant. In jedem Fall ist es dabei wichtig, sich Zeit zu nehmen, um das verborgene Arrangement zu finden.
Man kann als Fotograf auch mit zeitlichen Arrangements arbeiten. Fotografen, die Menschen in ihrer Umwelt festhalten wollen, müssen auf den Höhepunkt einer Situation hinarbeiten. Dabei ist es egal, ob Sie „Streetphotography“ als Form der Fotokunst betreiben oder „nur“ die Kinder im Sandkasten fotografieren wollen.
In einem Moment, dem Höhepunkt, verdichtet sich das Geschehen, und die Dinge und Lebewesen nehmen den richtigen Platz im Raum ein.
Diesen Moment zu erkennen ist schwierig, aber nicht unmöglich; man kann die nötige Erfahrung sammeln.

Jeder Fotograf, ob er aktiv arrangiert oder eher passiv auf Arrangements reagiert, muss die Vokabeln der Bildsprache(n) verstehen und anwenden können.
Einige Wörter dieser Bildsprache sind Formen, Flächen, Linien, Kontraste und Farben. All das, was übrigbleibt, wenn Sie sich den eigentlichen Inhalt eines Bildes wegdenken.
Versuchen Sie einmal, ein Bild völlig unabhängig von seinem Inhalt zu sehen. Kneifen Sie die Augen etwas zusammen, drehen Sie es auf den Kopf, versuchen Sie, nur die graphischen Elemente zu erkennen. Köpfe oder Gesichter werden dann zu Ovalen, Bücher oder Häuser zu Quadern, Autos zu organischen Formen, Bäumen zu Ovalen am Stab etc.

Alle diese Elemente haben Größe, Form, Farbe und Position innerhalb der Grenzen des Bildes. Und mit diesen Elementen können Sie bei der Bildgestaltung „spielen".
Sie können, wenn Sie das Bild komplett arrangieren, bestimmen, welches Detail wie hell an welcher Stelle und in welcher Größer im Bild erscheint.
Auch wenn Sie mit einem „vorarrangierten" Bild, beispielsweise einer Landschaft, experimentieren, können Sie bestimmen, was wo und wie im Bild erscheint – natürlich in mehr oder weniger stark eingeschränktem Rahmen.
Und selbst wenn Sie in Schnappschusssituationen fotografieren, können Sie warten, bis die Motivdetails sich so vor der Kamera arrangieren, das sich ein Bild ergibt.

Um dafür ein Gespür zu bekommen, ist es hilfreich, fremde und eigene Bilder zu analysieren. Suchen Sie sich Bilder, deren Inhalt für Sie eigentlich uninteressant ist, von denen Sie sich aber trotzdem angesprochen fühlen. Werbeaufnahmen sind dafür genauso geeignet wie Fotos berühmter Fotografen oder große Gemälde oder auch der Wandkalender. Im Prinzip eignet sich alles, was gestaltet ist.
Legen Sie nun Butterbrotpapier über das Bild und pausen Sie die Formen durch. Gleichartige Bildelemente können Sie auch mit Linien verbinden. Versuchen Sie zu erkennen, wo diese Formen und Linien im Verhältnis zu Bildrand und Bildecken und zueinander im Bild liegen. Ergeben sich irgendwelche Schwerpunkte? Tauchen Linien auf, die das Bild teilen oder auf bestimmte Inhalte und Formen zeigen?

So ein Bild kann auf ganz unterschiedliche Arten aufgeteilt sein: durch eine einzelne Form, eine Gruppe von Objekten, Linien, Kontraste, Negativformen.

Um diesen Aspekt der Bildgestaltung zu üben, müssen Sie nicht einmal fotografieren oder zeichnen. Nehmen Sie sich als Rahmen ein leeres Blatt Papier, dazu ein Ei oder eine Streichholzschachtel. Das sind Ihre Grundformen, die Sie im Bild bewegen und arrangieren können. Als Linien können Sie Bleistifte oder Schaschlikspieße nehmen. Und nun arrangieren Sie diese Elemente innerhalb des Rahmens.
Legen Sie z.B. zuerst das Ei auf eine „schöne" Position. Platzieren Sie anschließend ein Rechteck. Legen Sie noch eine Linie dazu. Und nun verschieben Sie die Elemente. Auf diese Art und Weise können Sie Ihr Gefühl für Gestaltung fordern.
Wenn Sie ein einzelnes Hauptmotiv fotografieren, dann versuchen Sie, es in unterschiedliche Positionen innerhalb des Bildes zu bringen.

Verändern Sie den Bildrahmen, wechseln Sie z.B. vom Hoch- zum Querformat. Bringen Sie ein weiteres Element ins Bild.
Vielleicht sieht das Ganze gespiegelt schöner aus?

Je nach Position des Leuchturms und Wahl des Bildformates kann immer wieder ein anderes Bild entstehen.

2.7 Linien

Linien sind auf ganz unterschiedliche Arten im Bild vorhanden. Sie können auch unsichtbar oder ohne gegenständlichen Träger im Motiv sein und trotzdem wahrgenommen werden und zur Bildgestaltung beitragen.
Diese Linien sind neben ihrer Funktion als Flächenteiler oft auch „Zeiger" in einem Bild; entsprechend wichtig ist es, sie zu entdecken und zu nutzen. Linien kommen körperlich (z.B. als Fahrbahnmarkierungen) oder nur durch das Zusammentreffen zweier Motivteile (z.B. die Horizontlinie) oder auch teilkörperlich (z.B. eine Reihe von Spielsteinen auf dem Schachbrett) oder fast vollständig ohne echte körperliche Form vor. Blickrichtungen zum Beispiel sind solche unkörperlichen, vom Betrachter des Bildes nur „gedachten" Linien.

Die Zeiger-Linien lenken den Blick des Betrachters. Da er meist ein Bild von links nach rechts und von oben nach unten „liest“, kann eine solche Linie ihn in diesem „Lesefluss“ unterstützen oder umleiten. Blickt beispielsweise eine Person auf einem Foto irgendwohin, so ist damit in den meisten Fällen eine Linie und eine Richtung vorgegeben, der der Betrachter folgt. Diese Linie kann ihn im einen Fall nach unten rechts, zum Ende des Bildes, führen. Oder Sie führt ihn wieder nach oben (links), wo er erneut beginnt, das Bild zu lesen.

Hier dominieren zwei Linien das Bild.
Vor der fast waagerechten Linie des Bergkamms im Hintergrund verläuft der Hang im Vordergrund von links oben nach rechts unten und beschleunigt den Blick des Betrachters bei seinem Weg durch das Bild. Mit dem Bild ist er schnell fertig.
(Siehe auch folgender Tipp)

2.8 Spiegeln

Mit der Technik des (horizontalen) Spiegelns kann man gerade über die Bedeutung von Linien in Bildern viel lernen. Probieren Sie einfach mal aus, was das Spiegeln bei einem Bild bewirkt.
Besonders stark wirkt sich das Spiegeln auf die Leserichtung aus, und so sind Linien davon besonders betroffen. Wenn durch eine Bilddiagonale der Betrachter zu schnell von links oben nach rechts unten geführt wird und somit zu schnell mit dem Bild fertig ist, kann man ihn durch Spiegeln dazu bewegen, der nun von links unten nach rechts oben laufenden Linie zu folgen und länger im Bild zu bleiben. Früher ging das nur mit einem echten Spiegel oder seitenerkehrtem

Vergrößern des Negativs. Heutzutage kann man die Bilder auch in der Bildbearbeitung ruck, zuck spiegeln.
Gerade wenn Sie beginnen, sich mit den gestalterischen Grundlagen auseinanderzusetzen, kann Spiegeln ihnen helfen, Probleme im Bild zu erkennen.
Sie können dann die so überprüften Bilder gespiegelt lassen und so präsentieren. Der Lerneffekt kommt aber hoffentlich auch zum Tragen, wenn Sie mit dem erworbenen Wissen die Bilder mit der Kamera neu gestalten.

Das gleiche Bild wie beim vorherigen Tipp, diesmal aber gespiegelt. Nun verläuft die Linie des Hangs so, dass sie den Betrachter wieder nach oben in den rechten Teil des Bildes zur Hütte führt. Obwohl sich am Inhalt nichts geändert hat, ist diese Version für den Betrachter viel interessanter.

2.9 Drittelregel

Auf Bildern gibt es, unabhängig vom konkreten Inhalt, interessante und uninteressante Bereiche. Oft fährt man gut, wenn man bildwichtige Elemente an diese Stellen legt.
Ein sehr wichtiger, in seiner Wichtigkeit aber auch völlig überfrachteter Punkt ist die Bildmitte. Hierhin, an den Kreuzungspunkt der Diagonalen, legen die meisten (unerfahrenen) Bildermacher ihr Hauptmotiv. Hier sitzt bei Porträts die Nase, hier liegt der Apfel auf der Wiese.
Bei Gruppenaufnahmen befinden sich die Köpfe auf der Linie, die horizontal durch diesen Bildmittelpunkt läuft (über den Köpfen ist

dann meist ein ganzes Bilddrittel uninteressant leer, unten sind dafür die Füße abgeschnitten.)

Dass die Bildmitte so oft auf diese Weise verwendet wird, hat wohl nicht nur gestalterische, sondern vermutlich auch ganz praktische Gründe, denen man unbewusst folgt.
Hier in der Bildmitte liegen die besten Autofokussensoren, und ein Motivdetail braucht von hier aus am längsten, um aus dem Bild zu flüchten. Die vermeintliche Ähnlichkeit zwischen dem Fotografieren und dem Zielen beim Schießen tut ein Übriges zur Betonung der Mitte. Doch die Mitte ist langweilig! Andere Stellen im Bild sind viel spannender.

TIPP

Teilen Sie Ihr Bild im Geiste sowohl senkrecht als auch waagerecht mit je zwei Linien in Drittel. Nach der Drittelregel (Rule of thirds) werden bildwichtige Elemente am besten auf die vier Kreuzungspunkte der Linien platziert.

Probieren Sie es einmal aus, das Motiv spielt dabei keine Rolle: Legen Sie einen Apfel auf die Wiese und fotografieren Sie ihn einmal mittig und einmal nach der Drittelregel platziert.

2.10 Horizontlinie

Eine sehr häufig in Bildern vorkommende Linie ist der Horizont. Je nachdem, wie die Kamera gehalten wird, befindet er sich in der Bildmitte, im oberen Bereich oder im unteren.
Bei Landschaftsbildern erzeugt ein niedriger Horizont, der sich im unteren Drittel des Bildes befindet, das Gefühl von Weite und Größe. Früher war dieser Blick nach oben ein Problem, weil neben Gebäuden auch Bäume und Berge stürzende Linien aufweisen. Es sind natürlich keine Linien, aber sie wirken kleiner, als sie eigentlich sind. Heutzutage kann man das mit den gleichen Mitteln, mit denen man stürzende Linien bei Gebäuden entfernt, auch bei Bergen und Bäumen beheben (siehe Seite 144).

Wenn Sie einer Straße oder einem Weg Tiefe geben wollen, kann es sinnvoll sein, den Horizont hoch zu setzen, damit die Strecke im Bild bis in das Unendliche des Horizonts möglichst lang ist.

Falls Sie vom Berg ins Tal, also von oben nach unten, fotografieren wollen, verschwindet der Horizont oft ganz aus dem Bild. In diesem Fall sollten Sie ein Vordergrunddetail mit ins Bild nehmen und die klassische Dreiteilung Vordergrund-Mittelgrund-Hintergrund nutzen, um dem Bild Tiefe zu geben.

TIPP

Platzieren Sie den Horizont nicht in der Bildmitte, sondern suchen Sie sich passendere Bereiche (evtl. nach der Drittelregel).

Durch den Horizont, der sogar noch unter der nach der Drittelregel zu erwartenden Position angeordnet ist, gewinnt das Bild rechts deutlich an Spannung.

2.11 Querformat/Hochformat

Sind Ihre Bilder überwiegend für den Ausdruck und die Vergrößerung bestimmt? Oder wollen Sie die Bilder überwiegend digital wiedergeben: am Monitor, am Fernseher oder per Beamer? In diesem Fall sollten Sie auf Hochformate möglichst verzichten.
Ich bin zwar ein großer Fan von Hochformaten, doch die digitalen Wiedergabemöglichkeiten sind alle auf Querformate ausgerichtet, ein Hochformat wird da einfach nur winzig klein.

TIPP

Hochformatige Bilder sind bei der digitalen Wiedergabe wegen der querformatigen Monitore im Nachteil.

2.12 Hintergrund beachten

Hauptmotiv und Fototechnik lenken beim Fotografieren schnell vom Rest des Bildes ab. Speziell der Hintergrund wird dann nicht beachtet.
Diese Missachtung des Hintergrundes kann auch an der Fototechnik selber liegen. Bei digitalen Spiegelreflexkameras wird das Sucherbild mit voll geöffneter Blende angezeigt, die Schärfentiefe ist dann minimal, und der Hintergrund versinkt in gnädiger Unschärfe.
Erst im Moment des Auslösen schließt sich die Blende auf den vorgewählten Wert, die Schärfentiefe wächst, und der Hintergrund wird scharf und erkennbar.

Sie müssen zum einen darauf achten, dass der Hintergrund nicht in Konkurrenz zum Hauptmotiv steht und diesem Aufmerksamkeit raubt. Wenn Sie ein Porträt oder einen Sachaufnahme fotografieren, wäre es unklug, einen unruhigen Hintergrund einzusetzen, der dann vom Gesicht der abgebildeten Person oder vom abgebildeten Gegenstand ablenkt. Schauen Sie sich Werbeaufnahmen an: Die abgebildeten Gegenstände sind oft entweder isoliert („freigestellt") oder mit wenigen, die Stimmung oder die Aussage unterstützenden Accessoires fotografiert. Einen unruhigen Hintergrund werden Sie da normalerweise nicht finden.

Aber auch ein eigentlich im Sinne der Bildgestaltung guter Hintergrund kann stören, wenn einzelne Details sich mit dem Hauptmo-

tiv überschneiden. Aus dem Kopf wachsende Äste oder Lampen, die dem Hauptmotiv ein Geweih oder eine Mütze verpassen, sind nur selten erwünscht.
Eine Ausnahme kann die versteckte oder offene Meinungsäußerung sein. Ein Beispiel: In der Lobby des alten Bonner Bundestages gab es große, kreisförmige Lampen. Wenn man nun einen Politiker aus der richtigen Position von etwas unterhalb fotografierte, konnte man ihm mit den Lampen hervorragend einen Heiligenschein verleihen.

Ist eine Änderung der Aufnahmeposition zum Wechsel des Hintergrundes nicht möglich, können Sie versuchen, durch eine geringe Schärfentiefe (Blende auf, längere Brennweite) den Hintergrund gleichsam verschwinden zu lassen.
Diese Methode wird gerne bei Porträts benutzt: Man wählt ein leichtes Teleobjektiv, das eine hohe Lichtstärke hat, dessen Blende man also weit öffnen kann.
Während man für Kameras mit Vollformatsensoren zum teuren leichten Teleobjektiv (85 mm) mit größten Öffnungen unterhalb der Blende 4 greifen muss, kann man an digitalen Spiegelreflexkameras mit kleinerem „APS“-Sensor (also an der überwiegenden Mehrzahl) wegen des Cropfaktors auf ein preiswertes 50-mm-Objektiv ausweichen. Mit einer Lichtstärke (der größten Blendenöffnung) von 1:1.8 ist es schon für etwa 130 Euro zu haben und gibt Ihnen eine gute Möglichkeit, Porträts vor unscharfem Hintergrund zu machen.
An den kompakten Digitalkameras sind auch oft hohe Lichtstärken eingebaut, aber dort wird das Freistellen auch mit längeren Brennweiten schwierig, da die Schärfentiefe durch das kleine Aufnahmeformat bedingt von Haus aus sehr groß ist.

2.13 Vordergrund beachten

Nun ja, der Titel ist etwas irreführend, bietet sich aber nach dem letzten einfach an. Es geht darum, Ihren Bildern Tiefe, also den Eindruck von Räumlichkeit, zu geben.
Neben der obenerwähnten Lage des Horizontes ist dafür eine Staffelung der Entfernungen im Bild durch Objekte im Vordergrund, im Mittelgrund und im Hintergrund hilfreich.
Das ist seit vielen Jahrzehnten der klassische Aufbau für ein Foto und kann deshalb schnell etwas langweilig werden, wenn er ausschließlich angewandt wird. Andererseits kann damit gestalterisch nicht viel schiefgehen.

Eine andere Möglichkeit, einem Bild Tiefe zu geben, ist die „Luftperspektive“. Motive, die sehr weit entfernt sind, unterscheiden sich von näher liegenden Details durch einen Verschiebung von Kontrast und Farbigkeit. Solche entfernteren Bereiche eines Bildes wirken in der Regel flau und ins Hellblaue verschoben.
Das ist auf den Einfluss der Atmosphäre zurückzuführen. Das Licht muss von diesen entfernten Details bis zur Kamera eine viel längere Strecke durch die Luft zurücklegen und wird deshalb durch die Feuchtigkeit und den Staub in der Luft stärker beeinflusst.
Man kann diese Verschiebungen von Tonwerten zwar nachträglich aus dem Bild herausrechnen, doch läuft man dabei Gefahr, die gestalterische Wirkung dieser Luftperspektive zu verlieren. Oft ist es besser, die Korrektur nur zu 50 % oder weniger durchzuführen.

2.14 Bildränder und -ecken beachten

Am Bildrand und in den Ecken schleichen sich oft Details ins Bild, die eigentlich unerwünscht sind. Das hat verschiedene Ursachen.
Neben den Suchern, die das Bild nicht zu 100 % erfassen (siehe Seite 55), spielt wohl in erster Linie Ablenkung durch das Hauptmotiv eine Rolle. Man ist beim Fotografieren so auf dieses wichtigste Motivdetail konzentriert, dass nicht nur, wie schon beschrieben, der Hintergrund praktisch nicht wahrgenommen wird, sondern auch die Bildränder und Bildecken nicht beachtet werden.
Bei der Bildbetrachtung dagegen ist die Aufmerksamkeit viel stärker auf das ganze Bild gerichtet. Nun werden die Fehler im Hintergrund, aber eben auch an den Rändern und Ecken sichtbar.

Leider gibt es zur Vermeidung dieser Fehler keinen allgemeingültigen Rat. Sie sollten auf jeden Fall die Ränder und Ecken Ihres Bildes bei der Aufnahme stärker beachten. Den prüfenden Blick auf diese Stellen und vor allem die nötige Aufmerksamkeit kann man sich natürlich bei statischen Motiven in Ruhe antrainieren. Ein Stativ hilft dabei sehr. Und irgendwann gelingt es auch bei bewegten Bildinhalten zufriedenstellend.

TIPP

Beachten Sie schon bei der Aufnahme die Bildränder und -ecken. Oft verstecken sich hier störende Details, zum Beispiel ins Bild ragende Gegenstände.

Es geht aber dabei nicht darum, generell alle von außen ins Bild ragende Dinge zu verteufeln; es hängt vom Bild und der individuellen Situation ab, ob so etwas stört. Wenn Sie aufmerksam darauf achten, werden Sie bei vielen Postkarten „gefüllte" Bildecken speziell am oberen Bildrand finden. Bei Landschaftsaufnahmen ist dann in diesen Bildecken nicht der leere Himmel zu sehen, sondern sie werden mit schönen Wolkenformationen oder (am besten blühenden) Zweigen gefüllt.

Aber auch wenn Sie sich auf die Bildränder gut „einschießen", wird die Unsicherheit durch das nicht 100 % der Aufnahme zeigende Sucherbild bleiben.
Sie könnten natürlich den über dieses Sucherbild hinausgehenden zusätzlichen Aufnahmebereich konsequent wegschneiden. Wenn Sie die weitere Verarbeitung des Bildes kontrollieren können, wäre das ein möglicher Weg. Aber wie schon beschrieben (siehe Seite 56), verlieren Sie dadurch einen nicht unerheblichen Teil der Megapixel Ihrer Kamera.
Auch wenn Sie Ihre Bilder auf Papier ausdrucken bzw. ausbelichten lassen, können Sie den Bildrand nicht beeinflussen, die Maschinen brauchen anscheinend etwas Rand, und dieses „etwas" liegt auch nicht fest. So können im einen Fall die Ränder exakt richtig sein, bei der anderen Ausbelichtung aber nicht.
Die einzige Möglichkeit, die Sie haben, das genau zu bestimmen, besteht in der Ausbelichtung mit Rand. In der Praxis setzen Sie dann in der Bildbearbeitung Ihr Foto zentral in ein leeres Bild des nächstgrößeren Formats. Ihr 10 x 15 cm großes Foto kommt dann in ein leeres 13 x 18 cm. Das fertige Papierbild wird dann einen großen weißen

Rand haben, den Sie abschneiden können. Diese Lösung ist natürlich wegen der nötigen Nacharbeit und der deutlich höheren Kosten für große Bildmengen nicht gut geeignet. Wenn Sie aber ein einzelnes Poster möchten, überlegen Sie doch einmal, ob das Bild exakt 40 x 60 cm groß sein muss (dann aber unsichere Ränder hat) oder ob Sie auch mit 48 x 58 cm zurechtkommen – mit einem dann präzise abgebildeten und nachträglich zugeschnittenen Wunschrand. Womöglich stellen Sie sogar fest, dass so ein weißer Rand um das Bild gar nicht weggeschnitten werden muss, sondern es wertvoller aussehen lässt.

2.15 Nicht verzetteln

Oft ist auf Fotos ganz einfach zuviel los. Beschränken Sie sich lieber auf einen Hauptakteur und versuchen Sie, das Bild, so weit es geht, zu vereinfachen. Oft ist es dafür am besten, dass Sie näher herangehen.

Es ist wirklich simpel, aber wirkungsvoll: Nehmen Sie keine Bilder mit mehreren Schwerpunkten auf, denn diese konkurrieren alle um die Aufmerksamkeit des Betrachters. Der entscheidet sich, hin- und hergerissen, dann oft dafür, das Bild wegzulegen und sich das nächste anzuschauen.

Sie können natürlich auch nachträglich noch Ihre Bilder zurechtschneiden, um das Augemerk des Betrachters zu lenken (siehe weiter hinten: Ausschnitt wählen, Seite 99), aber dadurch verlieren Sie Bildqualität, weil Sie Pixel wegschneiden müssen.

TIPP

Beschränken Sie sich schon bei der Aufnahme auf einen Hauptakteur pro Bild.

2.16 Stürzende Linien

Wenn Sie sich auf Eisenbahnscheinen stellen und senkrecht nach unten blicken, laufen die Schienen (zum Glück) parallel zueinander. Heben Sie jedoch den Blick, dann laufen die Schienen aufeinander zu, bis sie sich am Horizont zu treffen scheinen.
Diese Art der perspektivischen Wiedergabe von parallelen Linien ist völlig normal und richtig. Bei senkrechten (und ebenfalls parallelen) Linien, wie sie zum Beispiel an Gebäuden häufig auftreten, sieht es dagegen anders aus.
Dort laufen diese Linien, wenn man nicht im rechten Winkel auf das Gebäude blickt, natürlich auch scheinbar zusammen. Aber bis zu einem bestimmten Neigungswinkel scheint unsere Wahrnehmung diese **stürzenden Linien** zu korrigieren.
Gelegentlich lasse ich die Teilnehmer meiner Workshops an einem Experiment teilnehmen. Sie sollten dann mit einem Stift auf Papier (oder auch nur im Geiste) ein Haus zeichnen. Sieht man sich anschließend die Bilder an, stellt man fest, dass bei fast allen Teilnehmern die Linien parallel und die Winkel rechte Winkel sind – obwohl die meisten Menschen Häuser fast nur aus der Fußgängerperspektive und deshalb mit stürzenden Linien sehen. Irgendetwas auf dem Weg vom „Sehen" zum „Wahrnehmen" scheint die Lage der Linien zu korrigieren. Der Archetyp „Haus" ist trotz überwiegend anderer Seherfahrung rechtwinklig und weist parallele Linien auf.

Auf Fotos von Häusern, die mit einem leicht nach oben gerichteten Blick abgelichtet wurden, sind die Linien aber nicht mehr parallel (was physikalisch ja auch völlig richtig ist). Je nach den Umständen kann das den Betrachter (meist unbewusst) stören; oft ist es besser, das Bild so zu verändern, dass der Betrachter wieder (manchmal auch nur fast) parallele Linien vorfindet.

Dazu muss man spezielle Kameras oder Objektive (Shiftobjektive) oder Dunkelkammertechniken einsetzen. Wie so etwas heutzutage in der digitalen Dunkelkammer geht, werde ich in einem anderen Tipp erklären (siehe Seite 143).

Natürlich kann man auch die Kamera parallel zur Gebäudefassade ausrichten, um stürzenden Linien zu vermeiden. Damit dann die Gebäudespitze in das Bild kommt, obwohl die Kamera auf den Horizont blickt, benötigt man ein Weitwinkelobjektiv. Dessen großer Bildwinkel erfasst das Gebäude dann komplett. Und da die Kamera immer noch parallel zum Gebäude steht, sind alle senkrechten Linien weiterhin parallel.

Mit dieser Technik haben Sie durch das Weitwinkelobjektiv aber nicht nur das vollständige Gebäude entzerrt im Bild, sondern auch sehr viel (oft unerwünschten) Vordergrund. Den können Sie nun nachträglich durch einen Beschnitt des Bildes reduzieren.
Auf diese Art schaffen Sie ein Bild des Gebäudes mit parallel verlaufenden Senkrechten, also ohne stürzende Linien, und ohne störendes Drumherum. (Leider verlieren Sie durch den Beschnitt viele teuer erkaufte Megapixel.)

Mit einem **Shiftobjektiv** nutzen Sie fast denselben Trick, aber Sie setzen ihn in der Kamera direkt ein. Sie nehmen ein Objektiv, das an einer größeren Kamera ein starkes Weitwinkel wäre. Da es für ein größeres Format geeignet ist, hat es einen viel größeren Bildkreis, als der Sensor Ihrer Kamera erfassen kann. Als Weitwinkel erfasst es in diesem großen Bildkreis das komplette Gebäude auch dann, wenn es zum Horizont, also waagerecht, ausgerichtet ist. In der Normaleinstellung liegt der Sensor mittig hinter dem Objektiv, also auf der Aufnahmeachse. In der Bildmitte ist der Horizont, das Gebäude ist zwar ohne stürzende Linien, aber nur teilweise vom Sensor erfasst.
Dieses Objektiv ist aber parallel zum Sensor verschiebbar. Zusammen mit dem Objektiv verschieben Sie auch den großen Bildkreis. Sie können also, ohne die Lage des Sensors zu verändern, bestimmen, welchen Ausschnitt (des Weitwinkelbildes) der Sensor sieht.

Wenn Sie das Objektiv nach oben schieben, wird der Sensor seinen Ausschnitt mit weniger Vordergrund, dafür aber mit dem vollständigen Gebäude sehen. Das Gebäude ist mit dem Shiftobjektiv mit seiner Spitze und trotzdem ohne stürzende Linien und ohne Verlust an Auflösung (Megapixel) abgebildet worden.

Shiftobjektive sind aber leider teuer und lohnen sich eigentlich nicht für den gelegentlichen Einsatz. Wenn Sie ein solches Objektiv nicht besitzen, bleibt Ihnen nur noch, den gewählten Aufnahmeort zu verlassen und aus größerer Entfernung zu fotografieren. Dadurch müssen Sie die Kamera weniger stark neigen, um das Gebäude ganz ins Bild zu bekommen. Dadurch sind die stürzenden Linien weniger stark ausgeprägt. Allerdings müssen Sie dafür evtl. einen gestalterischen Kompromiss eingehen, weil Sie das Gebäude nicht von Wunschstandort aus fotografieren können.

Eine weitere Lösung gegen stürzende Linien finden Sie bei den Tipps zur digitalen Dunkelkammer (Seite 143).

Stürzende Linien erscheinen u.a. dann, wenn Sie die Kamera nach oben neigen, um ein Gebäude aus der Nähe noch ganz ins Bild zu bekommen. Die eigentlich parallelen senkrechten Linien scheinen dann nach oben hin zusammenzulaufen. Das sollten Sie vermeiden: Diese stürzenden Linien lassen das Gebäude wackelig und instabil wirken und entsprechen offenbar nicht unserer Wahrnehmung eines Gebäudes.

TIPP

Auf dem ersten Bild befinden sich durch die Nähe und den extremen Weitwinkel (12 mm an Crop) starke stürzende Linien, die durchaus als bewusstes Gestaltungsmittel eingesetzt werden könnten, dann aber selbst zum Bildinhalt werden und das Kirchengebäude in der Bedeutung gleichsam nach hinten drängen. Auf dem zweiten Bild ist die Kirche annähernd gleich groß, aber aus deutlich größerer Entfernung mit längerer Brennweite (18 mm an Crop) und mit wesentlich schwächerer Kameraneigung aufgenommen. Es treten schwache stürzende Linien auf, die aber nicht so stark stören wie im ersten Beispiel.
Wie Sie auch diese schwachen stürzenden Linien noch mit der Bildbearbeitung entfernen können, lesen Sie unter Tipp 3.22 (Seite 143).

2.17 Stativ benutzen

Ein Stativ setzen die meisten nur dann ein, wenn es so dunkel wird, dass nur noch längere Belichtungszeiten möglich sind. Diese längeren Belichtungszeiten erhöhen die Gefahr, ein Bild durch Verwackeln zu ruinieren. Dagegen hilft ein Stativ. (Zu anderen Mitteln siehe Seite 21 und folgende).

Ein Stativ hat aber noch weitere Vorteile, die allerdings oft übersehen werden. So erlaubt es Ihnen, das Motiv durch den Sucher zu betrachten, **ohne** dass Sie die Kamera in den Händen halten müssen. Dadurch können Sie sich in aller Ruhe um den Bildaufbau kümmern und auch die Bildränder und -ecken nach störenden Details und unerwünschten Überschneidungen absuchen. Das geht zwar auch mit der Kamera in der Hand, erfordert aber viel mehr Disziplin. Und ein wenig bewegt man die Kamera dann meist doch.
Auch das Zusammenspiel von Vordergrund und Hintergrund sowie die Lage von Linien und Flächen lassen sich mit der Kamera auf dem Stativ viel einfacher kontrollieren.
Natürlich werden Sie auf diese Art nicht unbedingt Action-Fotos auf der nächsten Party machen können, aber für Landschaftsbilder, Sachaufnahmen, Architekturbilder (z.B. bei Städtereisen), aber auch für Porträts ist das Stativ eine gute Hilfe bei der Gestaltung.

Ein weiteres Stativ-Fotogebiet ist die Makrofotografie. Hier kommt es nicht nur wegen der Gestaltung zur Geltung. Auch das Scharfstellen ist mit Stativ viel einfacher. Im Makrobereich ist es ja meist sinnvoller, **nicht** über den Fokusring zu fokussieren, sondern stattdessen die tatsächliche Aufnahmeentfernung an die eingestellte Entfernung anzupassen. Das geht mit einem Makroschlitten zwischen dem Stativ und der Kamera schneller und auch sehr präzise.

Witzige Idee, nicht nur für Partys: Klein, leicht, schnell einsatzbereit und eine pfiffige Lösung ist das 5 cm große und 46 Gramm leichte Flaschenkopfstativ von Hama.

2.18 Der Auftrag

Viele Fotointeressierte kommen immer mal wieder in Phasen, in denen sich fotografisch einfach nichts tut. Man nimmt zwar fast immer die Kamera mit, aber über ein paar zwar nette, aber unwichtige Aufnahmen kommt man nicht hinaus.

Dann können „Fotoaufträge“, die Sie an sich selbst vergeben, hilfreich sein. Versuchen Sie einmal, eine Zeitlang fotografisch bei einem Thema zu bleiben. Fotografieren Sie nur „Rot“ oder „Rund“ oder z.B. „Spielzeug“. Auf diese Art werden Sie Ihre Aufmerksamkeit und Ihre Wahrnehmung der Umwelt trainieren. Zuerst wird natürlich das Nächstliegende fotografiert, etwa Kinderspielzeug. Doch das ist nur der Einstieg – danach dürfen Sie nicht aufhören, auch wenn Ihnen zuerst nichts anderes einfällt. Die Kreativität findet immer irgendeinen Weg; schon bald werden Sie durch die intensiverer Auseinandersetzung mit dem Thema auch andere Aspekte bemerken.
Ob Sie dann die Freude eines Hundes, der mit seinem Ball spielt, ein Gruppenbild der Action-Figuren Ihrer Kinder, den Tagesablauf des Pförtners des naheliegenden Spielzeugmuseums, die Sammlung gefundener Spielzeuge beim örtlichen Fundbüro, detailliert den Zustand „kaputtgespielter“ Spielzeuge, den Entstehungsprozess eines Holzpferdes oder sonst etwas fotografieren, ist egal.
Wichtig ist, das Sie sich mit einem Thema kreativ auseinandersetzen und **Ihren** Weg finden. Das Thema des „Fotoauftrags“ selber ist beliebig, es hat ja nur die Funktion, Ihrer Auseinandersetzung damit ein erstes Ziel zu geben. Es kann im Idealfall so etwas wie ein Mantra sein, das Ihnen hilft, Ihre Gedanken zu ordnen und neue zu entwickeln.

TIPP

Um festgetretene Pfade zu verlassen, können Sie sich selbst einen Fotoauftrag geben, an dem Sie über längere Zeit arbeiten und dabei neue Ideen und Herangehensweisen entwickeln.

2.19 Kreativität durch Beschränkung

Beschränkung ist eine schnelle Variation des „Fotoauftrags“. Immer mal wieder bleibt man in der Falle des eigenen „Stils“ stecken und wiederholt sich gestalterisch. Dann kann es hilfreich sein, ganz bewusst eine künstliche Beschränkung aufzubauen, um die eigene Kreativität anzuregen.
Eine solche Beschränkung kann ganz unterschiedlicher Natur sein.

- Verzichten Sie einmal für gewisse Zeit auf die Möglichkeiten von Zoom und Objektivwechsel und benutzen Sie nur eine einzige Brennweite (am besten nicht Ihre Lieblingsbrennweite).
- Fotografieren Sie nur Vierecke oder nur Kreise oder keine Linien oder nur Wiederholungen oder ...

Sie selbst bestimmen, ob diese Beschränkung Stunden, Tage, Wochen oder gar Monate andauert.
Sie können das Thema Beschränkung auch anders angehen: Fahren Sie mit dem Bus oder der Straßenbahn drei Haltestellen, gehen Sie dann 300 Schritte und machen Sie an der Stelle, die sie so erreichen, mindestens 20 Fotos.
Wichtiger als die Art der Beschränkung ist, dass Sie die ausgetretenen Pfade verlassen und sich zwingen, Neues zu probieren.

Mit einer Festbrennweite wie dem hier abgebildeten 35 mm (mit größter Öffnung 2,0) hat man an einer dSLR mit Cropfaktor 1,5 so in etwa das, was früher bei Kleinbild als Normalbrennweite galt.

2.20 Belichtungseinstellungen gezielt nutzen

Lassen Sie sich von der Kürze dieses Tipps nicht täuschen: Mit der Entscheidung für eine bestimmte Belichtungszeit und Blende haben Sie zwei der wichtigsten Einflussfaktoren für die Bildgestaltung in der Hand.

Mit der Wahl der Blende bestimmen Sie die Ausdehnung der Schärfentiefe. Ist die Blende weit geöffnet (niedrige Blendenzahl), ist die Schärfentiefe klein; je nach Motivaufbau erscheint das Hauptmotiv vom unscharfen Hintergrund des Bildes deutlich getrennt.
Ist die Blende dagegen stärker geschlossen (hohe Blendenzahl), ist die Schärfentiefe hoch; bei entsprechendem Motivaufbau erscheint sowohl der Vordergrund als auch der Hintergrund des Bildes scharf.

Durch die Belichtungszeit steuern Sie die Wiedergabe von Bewegung. Ist die Belichtungszeit lang genug, erscheinen auch langsame Bewegungen verwischt und wirken somit schnell. Ist die Belichtungszeit kurz, kann eine schnelle Bewegung eingefroren werden.

TIPP

Mit der Wahl der Belichtungsparameter haben Sie einige der wichtigsten Gestaltungsmittel der Fotografie zur Verfügung. Die Belichtungszeit beeinflusst die Bewegungswiedergabe, die Blende steuert die Schärfentiefe. Diese beiden elementaren Gestaltungsmittel werden im Zeitalter automatischer Fotografie gerne übersehen. Verlieren Sie sie nicht aus den Augen.

Mit der "m" Einstellung können Sie Blende und Belichtungszeit manuell steuern, eine gute Voraussetzung, um damit die Gestaltung durch Schärfentiefe und Bewegungsdarstellung zu beeinflussen.

2.21 Brennweite (Zoom) gezielt nutzen

Neben Belichtungszeit und Blende ist die Wahl der passenden Brennweite (besonders in Zusammenhang mit einem angepassten Aufnahmestandort) das dritte der bedeutenden Gestaltungsmittel aus dem Bereich der Aufnahmetechnik. Und genau wie bei Zeit und Blende ist das Thema schnell beschrieben:
Teleobjektive verdichten die Bilder. Vorder- und Hintergrund rücken scheinbar zusammen. Die Bilder erhalten je nach Motivaufbau eine eher grafische Wirkung.
Weitwinkelobjektive dagegen strecken den Raum im Bild, sie betonen den Vordergrund und erzeugen eine dynamische Wirkung.
Die Wahl des passenden Aufnahmestandortes ist wichtig für die Intensität dieser Wirkung. Besonders dann, wenn das Hauptmotiv in beiden Bildern gleich groß ist, fällt die Wirkung auf.
Aber auch vom selben Aufnahmestandort aus ist die Wirkung des Weitwinkels oft räumlicher, da hier bei gleichem Blickrichtung mehr die perspektivische Wirkung unterstützende Linien ins Bild kommen können.

An der Szene wurde nichts geändert, die Person blieb an derselben Stelle stehen. Aber der Fotograf war beim linken Bild mit dem Weitwinkel nahe an der Person, im rechten Bild mit dem Tele weit entfernt.
Probieren Sie das bitte unbedingt selbst aus. Nur so erhalten Sie ein Gefühl für die Wirkung der unterschiedlichen Brennweiten in Kombination mit angepassten Aufnahmestandorten.

TIPP

Teleobjektive verdichten den Raum im Bild, Weitwinkel betonen ihn. Teleobjektive lassen das Bild grafischer wirken, Weitwinkel machen es dynamischer. Es ist falsch, eine bestimmte Brennweite zu wählen, nur weil Sie an einem bestimmten Ort stehen und keine Lust haben, näher heran- oder auf größere Distanz zum Motiv zu gehen.

2.22 Schärfentiefeabriss bei Tele deutlicher als bei Weitwinkel

Man benutzt zur Messung und Beurteilung der Schärfentiefe eine Definition, die von der menschlichen Wahrnehmungsfähigkeit und einem vermuteten Bildbetrachtungsabstand abhängt. Es geht weniger um echte Schärfe als um das Nichterkennen der Unschärfe. Unschärfe, die man noch nicht sieht, gilt als scharf.
Der für die Berechnung der Schärfentiefe vermutete **Betrachtungsabstand** wächst im gleichen Maße wie die **Bildgröße**, so dass die mitwachsenden Bilddetails für das menschliche Auge gleich gut erkennbar – oder nicht erkennbar – bleiben. Unschärfe, die man beim kleinen Bild aus der Nähe noch nicht erkennen kann, wird beim großen Bild aus der ebenfalls gewachsenen Entfernung auch nicht erkennbar sein.
Es geht bei der klassischen Definition von Schärfentiefe also um eine harte Grenze zwischen „Sieht noch scharf aus“ und „Wirkt schon etwas unscharf“.
Die Schärfentiefe hängt natürlich davon ab, wie eng man die Schärfe definiert. Hat man hohe Ansprüche, gelten bereits Stellen als unscharf, die bei geringeren Ansprüchen durchaus noch als scharf gelten könnten.
Was dabei aber überhaupt keine Berücksichtigung findet, ist die Schnelligkeit der Zunahme der Unschärfe bei steigendem Abstand von der tatsächlich eingestellten Schärfeebene, der Abriss der Schärfentiefe. Wenn die Unschärfe auch bei geringem Abstand von der Schärfeebene schon sehr groß wird, wird die Nichtschärfe viel schneller erkennbar, als wenn sie nur langsam zunimmt. Ein Bild mit geringer Zunahme der Unschärfe wird, obwohl rechnerisch genauso unscharf wie ein anderes, auf den Betrachter schärfer wirken; der langsamere Abriss der Schärfe (oder besser die langsamere Zunahme der Erkennbarkeit von Unschärfe) lässt das Bild ganz anders wirken.

Neben der Blende gibt es noch andere Faktoren, die die Wirkung der Schärfentiefe bei gleicher Motivgröße im endgültigen Bild beeinflussen.
Sowohl die Brennweite als auch die Größe des Aufnahmediums (also im Fall der Digitalkamera des Sensors) haben Einfluss auf die Art des Übergangs von scharf zu unscharf, auf die Intensität, mit der die Schärfe abreißt.
Die Schärfentiefe ist bei gleicher Motivgröße im Bild gleich, ob Sie nun mit dem Teleobjektiv oder mit dem Weitwinkel fotografieren. Im zweiten Fall müssen Sie, um das Hauptmotiv gleich groß abzubilden, aber näher heran. Dadurch ändert sich das Größenverhältnis von Vorder- und Hintergrund: Der Hintergrund wirkt im Verhältnis zu Ihrem Hauptmotiv kleiner, die Unschärfe in der Tiefe des Bildes macht sich deshalb schwächer bemerkbar.
So ist zwar der scharfe Bereich gleich groß, ob nun mit dem Tele von weiter weg oder mit dem Weitwinkel aus der Nähe fotografiert wird, aber der unscharfe Hintergrund wirkt im Telebild viel unschärfer, der Abriss der Schärfe ist dort viel stärker.

Bei kleinen Aufnahmesensoren ist die Schärfentiefe größer und der Abriss der Schärfentiefe schwächer, so dass es schwierig wird, die freistellende Wirkung eines lichtstarken Teleobjektives an einem Vollformatsensor nachzuahmen. Während sich dies bei den Spiegelreflexkameras mit Cropfaktor noch nicht so intensiv auswirkt, macht es sich bei den kleinen Sensoren der Kompaktkameras besonders stark bemerkbar.
Andererseits ermöglicht aber auch dieser geringe Abriss der Schärfentiefe Makroaufnahmen mit einer früher unmöglichen Ausdehnung der Schärfe (oder besser: Fast-noch-Schärfe) im Bild.

TIPP

Nicht nur die tatsächliche rechnerische Schärfentiefe ist wichtig. Das Bild wird auch stark davon beeinflusst, wie schnell der Übergang zwischen scharf und nicht-mehr-scharf ist.

2.23 Ausschnitt wählen

Da haben Sie nun ein Foto mit einem tollen Motiv gemacht, aber irgendwie waren Sie bzw. Ihre Kamera zu weit weg, und nun ist viel zu viel auf dem Bild (siehe auch: „Nicht verzetteln“, Seite 88). Kein Problem, schneiden Sie es in der Bildbearbeitung einfach anders zu.
Wirklich kein Problem? Wie so oft steckt der Teufel auch hier im Detail. Denn welches Detail soll nun verschwinden, was ist tatsächlich überflüssig? Lieber etwas vom rechten Rand oder lieber etwas von oben? Oder doch Tante Erna ganz aus dem Bild kegeln?
Je nachdem, mit welcher Bildbearbeitung Sie arbeiten, sieht der Umgang mit dem **Beschnittwerkzeug** (Croptool) etwas anders aus. In Photoshop und Photoshop Elements wird der äußere Bereich, der wegfällt, abgedunkelt dargestellt. Dadurch lässt sich der neue Bildausschnitt relativ einfach beurteilen. Aber auch so ist es nicht einfach zu entscheiden, was wegfallen soll.
Manchmal kann es sehr schwerfallen, den richtigen Beschnitt für ein Bild zu finden. Aber vielleicht hilft Ihnen ja eín kleiner Trick.

Versuchen Sie es einmal **anders herum!** Wählen Sie dazu möglichst eng den Teil des Bildes aus, der das Hauptmotiv darstellt. Und jetzt müssen Sie überlegen, was Sie noch gern auf Ihrem Bild sehen würden. Verschieben Sie die Anfasser des Beschnittwerkzeugs nach und nach immer weiter nach außen. Durch diese simple Umkehrung der üblichen Vorgehensweise werden Sie nicht von den vielen Bilddetails abgelenkt, sondern können vom zentralen Motiv ausgehend das Bild neu bzw. anders aufbauen.

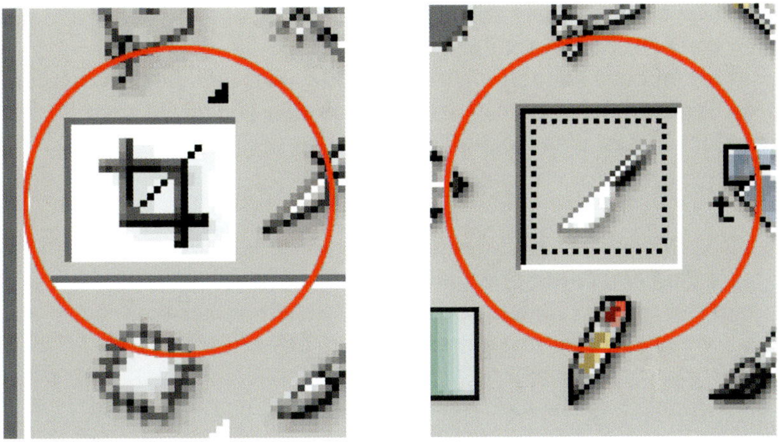

Das Beschnittwerkzeug (Croptool) von Photoshop (links) und von Gimp (rechts)

2.24 Gestaltung mit Digitalkameras

Viele gestalterische Vorgehensweisen sind unabhängig von der Art der Fototechnik, sie unterscheiden sich bei Digitalkameras und Analogkameras kaum oder gar nicht.
Aber die digitale Fotografie ermöglicht einige Besonderheiten bei der Bildgestaltung.

Zu analogen Zeiten war es häufig nötig, bei der Aufnahme gestalterische Kompromisse einzugehen. Statt den optimalen Standort für ein Foto einzunehmen, musste man auf ungünstigere Positionen ausweichen, weil störende Elemente im Bild waren.
Wollen Sie ein Gebäude fotografieren wollen, dann gibt es oft den optimalen Standort für die Aufnahme. Falls nun von diesem Standort aus gesehen eine unpassende Laterne vor dem Gebäude stünde, hätten Sie früher, zu anlogen Zeiten, einen anderen, nicht ganz so schönen Standort aufsuchen müssen.
Mit den Mitteln der Bildbearbeitung können Sie die Laterne mitunter recht einfach nachträglich aus dem Bild entfernen. Sie können also vom optimalen Standort aus fotografieren.
Ähnlich ist es bei vorübergehenden Hindernissen. Wenn etwa vor dem Gebäude ein störender Werbeaufsteller steht, könnten Sie natürlich später wiederkommen, wenn er weggeräumt ist. Aber dann ist womöglich das Licht nicht mehr optimal. Auch in dem Fall können Sie dank der digitalen Fotografie sofort fotografieren und das Problem später in der Bildbearbeitung lösen.
Besonders interessant wird die Möglichkeit, das Bild später Ihren Wünschen anzupassen, wenn sich die Probleme bei der Aufnahme überhaupt nicht umgehen lassen.
Ein stark belebter Platz soll für das Bild menschenleer werden? Lässt sich machen! (Wie, sagt der folgende Tipp.)
Sie wollen oder können nicht weiter weg vom Gebäude stehen, und trotzdem sollen möglichst keine stürzenden Linien auf dem Bild erscheinen? Lässt sich machen! (Siehe Seite 143.)

TIPP

Lassen Sie sich von den Möglichkeiten der Bildbearbeitung nicht zu unachtsamem Fotografieren verleiten, aber nutzen Sie das Wissen um diese Möglichkeiten bereits bei der Aufnahme: Wägen Sie ab, ob Sie nicht besser ein kleines Problem, das in der Software schnell gelöst werden kann, in Kauf nehmen, um einen gestalterischen Kompromiss bei der Aufnahme zu umgehen.

Es dürfte schwerfallen, die Stadtverwaltung davon zu überzeugen, die störenden Verkehrsschilder und Parkautomaten vorübergehend abzubauen. Mit der digitalen Fotografie ist das kein Problem, und wenn man schon dabei ist, verschwinden auch gleich die PKWs.

2.25 Weg mit den Leuten

Oft ist es ganz nett, wenn Menschen ein Foto beleben. Aber manchmal möchte man Straßen oder Plätze auch einmal gänzlich menschenleer abbilden. Neben teuren Absperrmaßnahmen gibt es auch preiswertere Wege, die mitunter eine Mischung aus Aufnahmetechnik und Bildbearbeitung erfordern.

Zuerst sollten Sie prüfen, ob Sie den Aufnahmezeitpunkt nicht einfach in die frühen Morgenstunden verlegen können. Dann sind oft auch stark belebte Plätze nahezu menschenleer. In heißen südlichen Gefilden kommt auch die Mittagszeit in Frage. Aber dann steht die Sonne sehr hoch, was den Fotos meist nicht guttut („langweiliges Licht").

Der zweite Weg, die Verwendung sehr langer Belichtungszeiten, wurde auch schon in der analogen Fotografie genutzt. Mit einer Kombination von niedrigempfindlichen Filmen, stark geschlossenen Blenden und evtl. Neutraldichtefiltern wird die Belichtungszeit möglichst verlängert – bis auf 1 Sekunde oder gar 1 Minute. Alle Personen (und auch Gegenstände wie Fahnen oder Bäume), die sich während dieser langen Belichtungszeit bewegen, werden auf diese Art auf dem jeweiligen Sensorbereich nur kurzfristig aufgezeichnet. Der statische Hintergrund (Straßenpflaster, Häuser etc.) dagegen, der die ganze Zeit auf immer denselben Film- oder Sensorbereich belichtet wurde, kann sich deutlich stärker im Bild auswirken.
Je nach Dauer und Intensität der Bewegung kann dann ein Platz völlig unbelebt aussehen. Auf stark frequentierten Plätzen funktioniert das aber nicht, da praktisch ständig jemand durchs Bild läuft, der statische Hintergrund also auch nur einen geringen Anteil der Belichtung ausmachen kann. Dies führt zu einer Art „Menschennebel" im Bild, der die Hauptbewegungsachsen füllt.
Und auch wenn dieses Problem nicht auftritt, so bleibt doch die Gefahr verwischter Elemente wie Fahnen oder Bäume, die sich während der Belichtung bewegt haben.

Der dritte Weg ist eine Kombination aus Aufnahmetechnik und digitaler Nachbearbeitung. Man macht dazu viele Bilder der gleichen Szenerie (auch hier wie bei den Langzeitbelichtungen am besten vom Stativ) und addiert anschließend die einzelnen Bilder auf. Das kann von Hand mit den Ebenen der Bildbearbeitung geschehen oder aber mit speziellen Programmen.

In der Bildbearbeitung öffnet man nach und nach alle Bilder und kopiert ihren Inhalt als neue Ebene in ein neues Bild. Bei 20 Ausgangsbildern erhält man so ein neues Bild mit 20 jeweils etwas unterschiedlichen Ebenen. Im Anschluss blendet man mit Ebenenmasken aus jeder der Ebenen das Unerwünschte – in diesem Fall die Passanten – aus. Das funktioniert am besten, wenn man jedes Detail des erwünschten Hintergrundes der Szene in mindest einem Bild ohne Passanten hat, der es verdeckt. Auf die Art kann man nach und nach alle Personen ausblenden und erhält so einen menschenleeren Platz.

Je nach Anzahl der abgebildeten Menschen und Intensität der Bewegung kann es aber nötig sein, viele Bilder und somit viele Ebenen zu nutzen. Das macht dieses Vorgehen sehr arbeits- und zeitintensiv.

Doch zum Glück gibt es Alternativen. Die kostenlose Software „Tourientferner“ von Philipp Tölke automatisiert den Prozess des Ausblendens. Aus einer Gruppe von Bildern wird statistisch ein Bild erzeugt, dass seinen Inhalt mit der Mehrzahl der Einzelbilder teilt. Zufällig nur in einem oder nur in wenigen Bildern der Gesamtgruppe auftauchende Objekte (Passanten in Bewegung) werden so vollständig gelöscht und durch den Hintergrund ersetzt. Den „Tourientferner“ finden Sie unter http://philipptoelke.de/tourieentferner/

3. Bildbearbeitung

Im Gegensatz zur analogen Zeit ist ist in der digitalen Welt nach dem Belichten noch lange nicht Schluss. Die verschiedenen Programme zur Bildbearbeitung ermöglichen es, am Computermonitor die Bilder nachträglich zu optimieren. Stürzende Linien können gerade gerichtet werden, störende Details verschwinden, zu dunkle oder zu helle Bildbereiche können angepasst und Farben verändert werden. Diese Möglichkeiten sollten Sie für Ihre Aufnahmen nutzen, denn nur so können Sie das Beste aus ihnen herausholen.

Die Bildbearbeitung eröffnet ganz neuen Möglichkeiten bei der weiteren Optimierung der Bilder. Während zu anlogen Zeiten die meisten (Amateur-)Fotografen auf die Ergebnisse aus dem Großlabor angewiesen waren, können Sie in digitalen Zeiten auch noch nach der Aufnahme das Bildergebnis beeinflussen.
Die dafür notwendige Software wird zum Teil mit der Kamera mitgeliefert, (im Internet) von Firmen und Privatpersonen kostenlos zur Verfügung gestellt oder kann auch für mehr oder weniger viel Geld gekauft werden. In den folgenden Tipps werde ich Hinweise auf der Basis einiger Adobe-Produkte (Photoshop und Lightroom) und auch auf Basis kostenloser Software (z.B. Gimp) geben.
Viele Vorgehensweisen ähneln sich ja ohnehin in den unterschiedlichen Softwarelösungen oder lassen sich mit etwas Nachdenken gut übertragen.
Welche Software für Sie die passende, ist müssen Sie ausprobieren, da kann ich Ihnen nicht raten. Glücklicherweise gibt es aber auch von den meisten kostspieligen Produkten (inkl. Photoshop) kostenlose Testversionen.
Mit großer Wahrscheinlichkeit benötigen Sie verschiedene Programme, von Archivierungstools und Bilddatenbanken über allgemeine Bildbearbeitungen bis hin zu Spezialisten wie einem RAW-Konverter, Entzerrungssoftware und Panoramaprogrammen.

Damit tun sich nahezu endlose Möglichkeiten vor Ihnen auf. Doch Sie sollten darüber nicht vergessen, dass jedes einzelne Bild, das die Digitalkamera aufgezeichnet hat, noch verbessert werden kann. Zwar sind es meist nur kleine Schritte, die bei fast allen Bildern nötig sind, aber sie sollten gemacht werden. Das liegt in Ihrer Verantwortung Ihren Bildern gegenüber.
Die kleinen Schritte beziehen sich auf Korrekturen von Helligkeit, Kontrast und Farbe (Weißabgleich), Bestimmung des richtigen Ausschnitts und Festlegen der endgültigen Bildgröße sowie das an das Bild angepasste Schärfen. Diese Schritte lassen sich auch mit kostenloser Software gut erledigen.

Die ersten der folgenden Tipps sollen Ihnen helfen, einige grundlegende Überlegungen zur Bildbearbeitung kennenzulernen.

3.1 Pixel statt dpi

In den **EXIF**-Daten zu den Bildern wird fast immer auch ein dpi-Wert eingetragen, meist steht der bei 72, bei 96 oder bei 100. Dieser Wert führt immer wieder zu Verwirrung.
In der Anfangszeit der digitalen Bilder mussten Fotos, die in den Rechner sollten, gescannt werden. Dies konnte in unterschiedlichen Qualitäten geschehen. Vereinfacht gesagt: Je mehr Pixel pro Zentimeter Bildgröße beim Scannen entstanden, desto höher war die Qualität und desto größer konnte das Foto gedruckt werden.
Die Auflösung sollte richtigerweise in Pixeln pro Inch gemessen werden. Ein Inch (Zoll) entspricht 2,54 cm. Üblicherweise verwendete man jedoch die Einheit dpi (dots per inch) aus dem Druckbereich.
Für die im Offsetdruck (in dem z.B. Prospekte gedruckt werden) übliche Qualität brauchten die Bilder eine Auflösung von 300 dpi, bezogen auf die Druckgröße. Eigentlich hätten für den Druck etwas über 150 dpi gereicht, mehr kam nicht auf das Papier; aber um Fehler durch ungünstige Überschneidungen der unterschiedlichen Raster zu vermeiden, nutzte man einen „Qualitätsfaktor“ von 2.
Ein Bild, das in der gleichen Größe gedruckt werden sollte, in der es zum Scannen vorlag, musste deshalb mit 300 dpi gescannt werden.

Viele Monitore dagegen konnten nur ca. 72 dpi darstellen. In der 100%-Ansicht erschien ein 300-dpi-Bild also viel größer, als es gedruckt werden konnte.
Aus dieser Zeit stammt auch der Wert 72 dpi, den viele Bilddateien aus Digitalkameras heute noch haben. Die Auflösungsfähigkeit moderner Monitore ist aber wesentlich größer, das Display, mit dem ich den Text hier beim Schreiben betrachte, hat 1680 Bildpunkte auf einer Breite von 33,5 cm (bzw. 13,2 Inches). 1680 Punkte auf 13,2 Inches ergibt dann gerundet 127 Punkte pro Inch (oder besser: dpi).
Da der dpi-Wert des Wiedergabeverfahrens so unterschiedlich sein kann, wäre es falsch, die Qualität der Bilder nach diesem Wert zu beurteilen. Viel wichtiger ist die Anzahl der tatsächlichen Pixel (Bildpunkte), die in der Datei erfasst sind.
Anhand dieser Pixelzahl kann man dann errechnen, wie groß ein Bild bei einem bestimmten Wiedergabeverfahren maximal sein kann.

TIPP

Der dpi-Wert allein hat nichts mit der tatsächlichen druckbaren Dateigröße oder der Bildqualität zu tun, wichtiger sind die Abmessungen des Bildes in Pixeln.

Es gibt einige DTP-Programme, die den dpi-Wert in den Dateien benutzen. Wenn man in diesen Programmen ein Bild importiert oder platziert, wird es erst einmal in der nach der Formel Pixel/dpi berechneten Länge in Inches dargestellt. Einige Programme nutzen zur Berechnung den für den Druck erforderlichen Wert (z.B. 300 dpi), andere den in der Bilddatei gespeicherten Wert (z.B 72 dpi). Bei gleicher Pixelzahl wird das Bild dann im zweiten Fall natürlich größer angezeigt. Doch diese „Platzierungsabmessung“ lässt sich meist nachträglich anpassen.

3.2 dpi und Tintenstrahldrucker

Für viele Käufer ist die Auflösung eines Druckers ein Qualitätskriterium. Die Hersteller wissen natürlich, dass sich hohe Zahlen besser verkaufen, und so werden auf den Verpackungen Werte wie 720, 1440 oder gar 2880 angegeben. Lassen Sie sich davon aber nicht irreführen.

Diese Werte bedeuten in der Regel nur, dass der Druckkopf in der entsprechenden Exaktheit positioniert werden kann. Die Tröpfchen, die gedruckt werden, sind aber meist wesentlich größer. Und um unterschiedliche Farben und Helligkeiten zu drucken, muss der Drucker für einen einzigen Bildpunkt viele Drucktropfen zusammenfassen und auf einer relativ großen Fläche verteilen.

Dadurch können viele Tintenstrahler nicht mehr als 180 dpi, im günstigen Fall vielleicht auch mal 240 dpi, auflösen.

Sie brauchen also im Bildgrößendialog der Bildbearbeitung für Ihre Bilder nur relativ niedrige Werte anzugeben – die Angabe auf der Verpackung des Druckers wäre hier falsch.

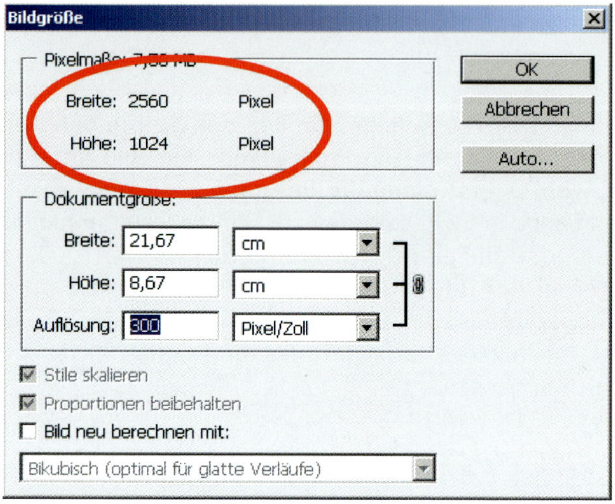

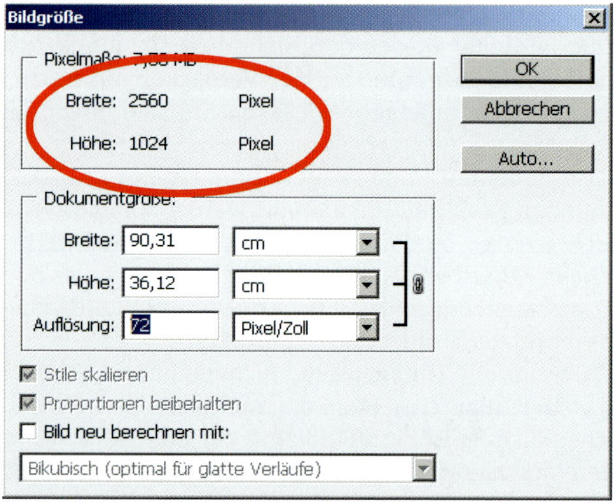

Solange die Pixelzahl gleich groß bleibt, bleibt auch der Informationsgehalt der Datei gleich groß. Durch eine Änderung des dpi-Werts (Pixel/Zoll in Photoshop) allein wird an der darstellbaren Bildinformation nichts verändert.

3.3 Lieber kein JPEG

Das JPEG-Format ist für viele Digitalkameras das Standardformat. Das hat seine Gründe in dem beschränkten Angebot an Speicherplatz in der Frühzeit der digitalen Fotografie. Der Speicher war über lange Zeit sehr teuer.
Mit JPEG konnten Fotos komprimiert werden, man benötigte also weniger Speicherplatz. Durch die Jahre hat sich JPEG zu einer Art Standard entwickelt. Es ist **das** Format für Bilder im Internet (ob auf Webseiten oder in E-Mails).
Leider ist die Kompression von JPEG nicht verlustfrei, es schleichen sich bei der „Verdichtung" Fehler in das Bild, die später nicht wieder rückgängig zu machen sind.
Die Technik von JPEG ist aber ziemlich clever und nimmt Rücksicht auf die menschliche Wahrnehmung, so dass diese Fehler, die sogenannten **Kompressionsartefakte**, kaum oder gar nicht sichtbar sind – zumindest solange man nicht zu stark komprimiert.

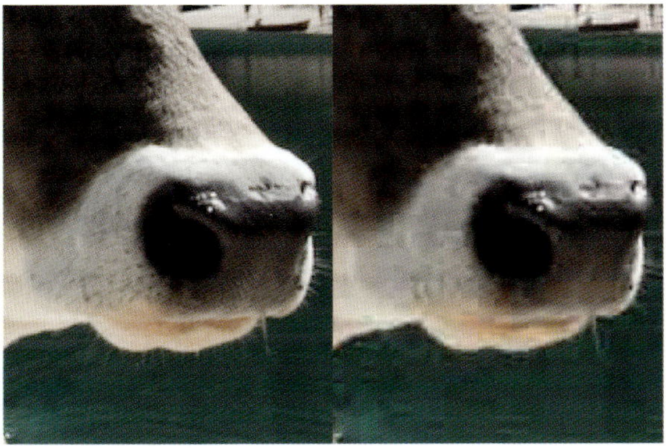

Kuhmaul, rechts mit besonders stark ausgeprägten Kompressionsartefakten

Wenn die Bilder aber später noch verändert werden, können diese eigentlich gut versteckten Fehler deutlich sichtbar werden. Wenn Sie z.B. nachträglich die Schattenbereiche eines Bildes aufhellen, werden die dort versteckten Fehler, die vorher im Dunklen nahezu unsichtbar waren, deutlich erkennbar.

Um aus den Daten des Sensors der Kamera ein Bild zu machen, das möglichst vielen unterschiedlichen Anforderungen genügt, müssen die Daten „optimiert" werden. Sie werden geschärft, der Kontrast steigt, die Sättigung auch.

Leider gehen durch dieses Verfahren Bilddaten verloren, die vielleicht bei einer späteren Bearbeitung des Bildes (erneutes **Schärfen**, Verändern von **Helligkeit, Kontrast, Farbton und Sättigung**) hilfreich wären.
Doch alle diese Schritte werden mit der JPEG-Speicherung in der Kamera **irreversibel** abgeschlossen, vom JPEG führt kein Weg zurück zum Ausgangsmaterial.

Ein anderes Problem taucht auf, wenn Sie die Bilder mehrfach bearbeiten und zwischendurch speichern. Dadurch kommen weitere **Kompressionsartefakte** ins Bild.
Solange Sie das Bild in der Bildbearbeitung nicht schließen, ist das nicht tragisch. Aber wenn Sie es geschlossen haben und dann erneut öffnen, sind die neuen Fehler die Grundlage Ihrer nun folgenden weiteren Bearbeitung. Wenn Sie mit der geringsten Kompression arbeiten, dauert es etwas, bis sich die Fehler addieren, aber über kurz oder lang verliert ihr Bild sichtbar an Qualität.

TIPP

Sie sollten JPEG meiden. Es ist eigentlich nur als Endformat zur komprimierten platzsparenden Lagerung von Bildern, deren Bearbeitung endgültig abgeschlossen ist, geeignet. Als Alternativen nutze ich TIFF und PSD (Photoshop).

3.4 Vorsicht beim Wechsel von Hoch- zu Querformat

Es gibt viele Programme, die JPEG-Bilder ohne erneutes verlustbehaftetes Komprimieren, also „lossless", drehen können. Doch es sind immer noch etliche Programme im Umlauf, die das nicht können. Gerade auch die „Beigaben" zu einigen Betriebsystemen fallen da unangenehm auf.
Diese Software öffnet dann tatsächlich ein Bild und dreht es, um es anschließend neu zu komprimieren (und das, ohne dass Sie die Kompressionsstärke beeinflussen können).
Dabei gibt es viel bessere Verfahren zur Drehung der Bilder. Eine solche Drehung wird dann ohne eine erneute Komprimierung durchgeführt. Das nennt sich bei (oft englischsprachiger) Freeware **„lossless rotation"**. Irfan View und XNView sind zwei dieser kostenlosen Werkzeuge, die diese „lossless rotation" beherrschen.

Lassen Sie nicht einfach jedes x-beliebige Programm Ihre Bilder drehen – es könnte sie verschlechtern.

TIPP

3.5 Monitor kalibrieren

Jeder Monitor (egal ob Röhre oder TFT) stellt Farben etwas anders dar: Auch wenn in der Datei der gleiche Farbwert steht, zeigen unterschiedliche Monitore die entsprechende Tönung unterschiedlich an.
Solange Sie die Bilder nur auf diesem einen Monitor betrachten, ist das unwichtig. Aber Sie wollen die Bilder sicherlich auch farb- und helligkeitsgetreu ausgedruckt oder ausbelichtet sehen. Deshalb sollten Sie Ihren Monitor (regelmäßig) kalibrieren.

TIPP

Früher war das aufwendig und teuer, doch seit einigen Jahren sind die entsprechenden Werkzeuge einfacher und vor allem auch preiswerter geworden. Schon für weniger als 100 Euro sind praxistaugliche Lösungen erhältlich.

Mit einem solchen Messgerät können Sie die Farbwiedergabe Ihres Monitors oder Displays „eichen“. Ein Sensor misst dazu selbständig die Farbe und die Helligkeit von Farbfeldern, die der Monitor anzeigt, und berechnet Korrekturwerte, damit die Farben so angezeigt werden, wie es eigentlich richtig wäre. Das geschieht softwaregesteuert nach ein paar Mausklicks nahezu vollautomatisch, Sie werden von der Software Schritt für Schritt geführt. Die so entstanden „Umrechnungstabellen“ werden nach dem nächsten Systemstart automatisch auf die Monitorwiedergabe angewendet.

Wenn Sie ihre Bilder selbst bearbeiten, sollten Sie sich auf jeden Fall ein solches Kalibrierungswerkzeug („**Spyder**“) kaufen. Verzichten Sie stattdessen lieber auf eine neue Fototasche und transportieren Sie Ihre Objektive weiterhin in einer alten Umhängetasche in alte Handtücher eingewickelt. Das tut nur dem Ego etwas weh (und kann Diebstähle verhindern helfen).
Ohne kalibrierten Monitor aber ist Bildbearbeitung quasi nur im Blindflug möglich. Und das tut im Falle des Falles allen Ihren Bildern weh.

Mit einmaligem Kalibrieren ist es aber nicht getan, die Monitore und Displays verändern sich im Laufe der Zeit. Bei Röhrenmonitoren kann das schneller der Fall sein, bei TFT-Displays kann es länger dauern. Genaue Angaben kann ich dazu nicht machen, es hängt vom jeweiligen Typ ab. Als grober Richtwert: Kalibrieren Sie Röhrenmonitormodelle alle 14 Tage, TFTs alle ein bis zwei Monate.

3.6 8 bit oder 16 Bit

Man unterscheidet Bilddateien auch nach ihrer Fähigkeit, Helligkeits- (und damit auch Farb-)Abstufungen zu speichern.
Die wohl am häufigsten vorkommenden **8-Bit**-Dateien können für jede der drei Grundfarben 256 (256 = 2x2x2x2x2x2x2x2 = 2hoch8) Helligkeitsstufen aufzeichnen. Das ist für die allermeisten Fotos mehr als genug.
Leider gehen, wenn bei der Veränderung von Helligkeit und Farbe einzelne Helligkeitsbereiche gestaucht oder gedehnt werden, Stufen verloren. Da ist es manchmal ganz praktisch, etwas mehr „Fleisch" in der Datei zu haben, damit man nicht gleich am Knochen nagt.
Glücklicherweise können viele Digitalkameras mehr als 256 Helligkeiten (je Grundfarbe) aufzeichnen – oft bis zu 12 Bit.
Das scheint nicht spektakulär, ist aber ein Riesensprung, denn **12 Bit** entspricht 4096 (2x2x2x2x2x2x2x2x2x2x2x2 = 4096) Stufen, also dem 16-Fachen von 8 Bit. Durch diese große Anzahl an Abstufungen sind wesentlich drastischere Bearbeitungen möglich als mit 8-Bit-Dateien.
Diese hohe Anzahl an Abstufungen können Sie aber leider mit den üblichen JPEG-Dateien nicht speichern. Viele Spiegelreflexkameras und einige der Kompakten bieten sogenannte **RAW-Dateien** an. Diese RAWs enthalten den vollen, von der Kamera aufgezeichneten Umfang an Helligkeiten und Farben, die Daten sind (zumindest fast immer) verlustlos gespeichert. Etwas Besseres kann Ihnen Ihre Kamera nicht liefern.

Beide Bilder wurden gleich bearbeitet, links stand ein RAW (ca. 12 Bit), rechts nur ein JPEG (8 Bit) zur Verfügung.

Da es in der weiteren Bildbearbeitung kein Dateiformat mit 12 Bit gibt, sollten Sie, wenn Sie die Bilder auch in der Bildbearbeitung mit einer möglichst hohen Bit-Tiefe zur Verfügung haben wollen, diese aus dem RAW-Konverter heraus als **16-Bit**-Dateien speichern. Dafür kommen **TIFF** und einige bildbearbeitungsspezifische Dateiformate wie z.B. **PSD** von Photoshop in Frage.

3.7 RAW benutzen

RAW-Dateien stellen die volle Farbtiefe, die der Sensor aufzeichnen kann, zur weiteren Verarbeitung zur Verfügung. Da sie die vollen Sensordaten enthalten, bieten sie weitere Vorteile.

Der Weißabgleich bei der Aufnahe geschieht, indem die Aufnahmedaten um einen bestimmten Farbwert korrigiert werden. Bei einer solchen Verrechnung gehen Tonwerte im Bild verloren, eine nachträgliche Wiederherstellung der ursprünglichen Tonwerte ist nicht mehr möglich.
Diese Korrektur geschieht, bevor die JPEG-Datei geschrieben wird, also auf Basis der Sensordaten. Jede Veränderung des Weißabgleichs kann danach nur noch mit den 8-Bit-JPEG-Daten erfolgen.
Bei RAW-Dateien dagegen wird nur der vom Fotografen (oder der Weißabgleichsautomatik) gewünschte Korrekturwert mit den unverfälschten Sensordaten gespeichert. Diese Angaben lassen sich

auch nachträglich problemlos anpassen und ändern, eine Änderung des (evtl. nicht ganz richtigen) Weißabgleichs ist also ohne Verluste möglich.

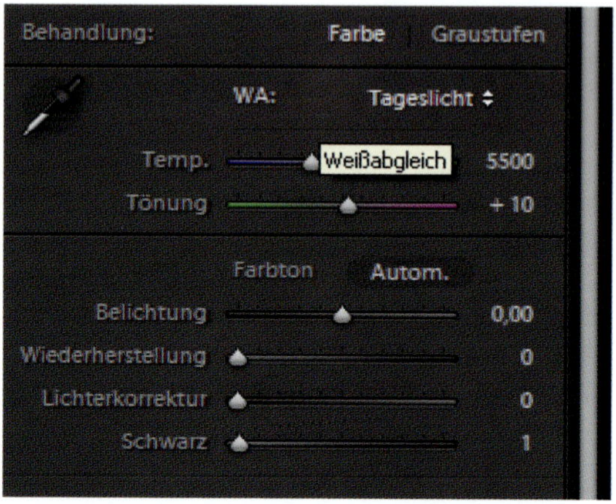

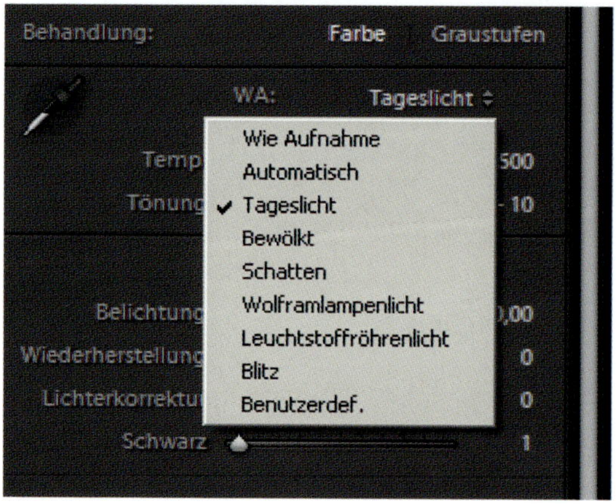

In den verschieden RAW-Konvertern (hier abgebildet: Lightroom) kann der Weißabgleich noch später aus einer Liste oder per Zahlenwert ausgewählt werden. Oder Sie nehmen die Pipette per Mausklick auf das Symbol auf und wählen damit ein Bilddetail aus, das farblich neutral (grau) werden soll.

TIPP

Nicht nur wegen der höheren Farbtiefe, sondern auch wegen der Möglichkeit, den Weißabgleich später noch ohne Verluste anzupassen, sollten Sie möglichst RAW-Dateien einsetzen.

Da die RAW-Dateien auch noch ungeschärft sind, lässt sich die spätere auf den Verwendungszweck abgestimmte Endschärfung ohne Einschränkungen, wie sie bei JPEG auftreten können, anpassen. Und störende Kompressionsartefakte in nachträglich aufzuhellenden dunklen Bildbereichen sind hier auch nicht zu befürchten.

Die Techniken zur Umwandlung von RAW-Daten in Bilder entwickeln sich ständig weiter. Wenn Sie die RAW-Daten speichern und aufbewahren, haben Sie später die Möglichkeit, in einem solchen Fall auch Ihre alten Bilder von den verbesserten Werkzeugen zur **RAW-Konvertierung** profitieren zu lassen.
In letzter Zeit sind solche Verbesserungen in der RAW-Software schon häufiger vorgekommen, sei es im Bereich der Helligkeitsbeeinflussung (bessere Lichter- und Schattenrettung), der Steuerung der Farbsättigung oder der subtileren Schärfung von Bildern.
Da ich mit RAW fotografiere (und die RAW-Daten auch archiviere), können auch meine schon Jahre alten Bilder aus älteren Kameras von solchen aktuellen technischen Entwicklungen profitieren. Mit JPEG wäre das nicht möglich.

Die Bearbeitung der RAW-Daten ist heutzutage auch kein großes Problem mehr, die Software der Kamerahersteller und auch die speziellen RAW-Konverter der Softwarefirmen erlauben fast alle auch eine Behandlung als „**Batch**". In solch einem automatische Ablauf können Sie alle RAW-Dateien bearbeiten lassen und derweil einen (oder zwei) Kaffee trinken.
Als Ergebnis erhalten Sie in etwa das, was die Kamera als JPEG aufgezeichnet hätte. Dadurch haben Sie natürlich noch nichts gewonnen. Aber wenn jetzt eines dieser Bilder z.B. einen falschen Weißabgleich hat, können Sie es auf der Basis der Sensordaten verlustfrei verändern, während das bei einem JPEG nur noch mit der eingeschränkten 8-Bit-Farbtiefe ginge, was zu Tonwertabrissen führen könnte.
Und da das RAW-Material im Original vorliegt, können Sie die Helligkeit beeinflussen, ohne wie bei JPEG befürchten zu müssen, dass in den dunklen Bereichen versteckte Kompressionsfehler plötzlich sichtbar werden.

3.8 RAW-Entwicklung

Sie können für die Umwandlung der RAW Dateien in ein echtes Foto (viele Bildbearbeiter sprechen da in Anlehnung an den alten analogen Prozess beim Film von „Entwicklung“) verschiedene Programme einsetzen, die natürlich auch unterschiedlich in der Benutzung sind. Doch einige Arbeitsabläufe sind fast immer gleich.

Alle Einstellungen in Bezug auf **Helligkeit** und **Farbe** sollten Sie schon bei der RAW-Konvertierung vornehmen, speziell die Rettung (fast) ausgefressener Lichter und abgesoffener Schattenpartien. Auch die Anpassung des **Weißabgleichs** sollte hier stattfinden.

Schärfen Sie die Datei schon bei der Umwandlung leicht. Durch die digitale Aufnahmetechnik kommt eine leichte Unschärfe ins Bild, die schon hier gemildert werden sollte. Diese Grundschärfe brauchen Sie bei der weiteren Verarbeitung. Die Schärfung ist aber wirklich nur eine leichte Grundschärfung, die nicht mit der Intensität der (bei Dateien für den Ausdruck manchmal durchaus recht kräftigen) Endschärfung erfolgen sollte.

Stellen Sie die Ausgabedatei auf das 16-Bit-Format ein, wenn Sie vorhaben, auch nach der Konvertierung noch Veränderungen in Bezug auf Helligkeit und Farbe vorzunehmen. Die Datei wird dadurch zwar deutlich größer, aber Sie haben auch deutlich mehr „Fleisch“ zur Verfügung.

Verwenden Sie für das Ausgabeziel des RAW-Konverters nur dann JPEG, wenn Sie das Bild nicht weiterverarbeiten wollen oder andere Dateitypen wegen der Dateigröße nicht in Frage kommen, z.B. weil das Bild per E-Mail verschickt werden soll.

Zur Umwandlung der RAW-Dateien liefern die meisten Hersteller eigene Software mit. Diese RAW Konverter sind oft ganz gut, passen aber bei vielen Fotografen nicht so recht in den Arbeitsablauf („Workflow“).
Darüber hinaus gab es zumindest in der Frühphase der Digitalfotografie RAW-Programme, die zwar vom Hersteller der Kamera kamen, aber trotzdem nicht in der Lage waren, die RAW-Dateien optimal umzuwandeln und deren Werte vollständig auszureizen.
Deshalb erschienen schnell RAW-Konverter von Fremdherstellern auf der Bildfläche, die leichter zu steuern waren und Arbeitsabläufe vereinfachten. So bestand bei diesen Programmen häufig die Möglich-

keit, Entwicklungsrezepte von der einen RAW-Datei auf eine andere zu übertragen. Und man konnte viele RAW-Dateien auf einen Rutsch, als sogenanntes „batch“, umwandeln lassen.
Diese RAW-Konverter sind zum Teil unabhängige Programme, aber es gibt auch RAW-Konverter, die als Bestandteil klassischer Bildbearbeitungsprogramme entstanden.
So ist der RAW-Konverter von Photoshop bzw. Photoshop Elements ein Klassiker im Bereich der RAW-Umwandlung.
Seine Oberfläche bietet viele Einstellmöglichkeiten, die wichtigsten sind direkt beim Start am rechten Rand des Programmfensters zu sehen.

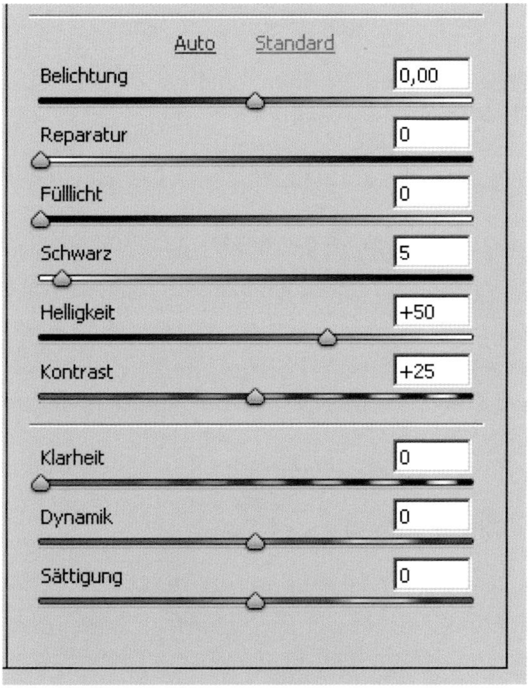

Teil des Fensters des RAW-Konverters „Camera-Raw“von Photoshop

Die Bezeichnung der Schieberegler ist leider nicht ganz eingängig, deshalb hier ein paar Angaben zur Wirkungsweise.
Mit dem Regler **Belichtung** beeinflussen Sie alle Helligkeiten mehr oder weniger gleichmäßig. Vorsicht, es besteht die Gefahr, dass Sie durch ein Verschieben nach rechts helle Bereiche des Bildes ins „Clipping“ drücken. Wenn die hellsten Bereiche (die Lichter) Ihres Bildes nicht heller werden dürfen, Sie aber trotzdem die dunkleren

Bildtöne aufhellen wollen, sollten Sie besser den Regler **Helligkeit** einsetzen. Damit können Sie die Helligkeit speziell der Mitteltöne beeinflussen, die Lichter wandern nicht so schnell ins Clipping.

Die Einstellmöglichkeit „**Reparatur**" ist relativ neu.
Dieses Werkzeug erlaubt es, gezielt auf die Lichter einzuwirken, die fast schon im Clipping sind. Die viel größere Differenzierung der 12 und mehr Bit-RAW-Dateien wird hier dazu genutzt, die fast ausgebrannten Bildbereiche zu reparieren.
Achten Sie aber darauf, die Rettung nicht zu übertreiben, sonst können fehlfarbige bzw. farblos-graue Lichter die Folge sein.

Fülllicht ist analog zur **Reparatur** der Retter der Schatten. Ähnlich wie ein Aufhellblitz hebt er speziell die dunklen Bereiche des Bildes an. Auch hier gilt es, mit Maß vorzugehen, da sonst flaue und verrauschte Schatten entstehen können.

Das Werkzeug **Schwarz** kann in so einem Fall möglicherweise noch helfen. Hiermit wird festgelegt, welche unteren Tonwerte des Bildes im Schwarz versinken. Wenn der Regler nach links wandert, werden immer hellere Bereich zu Schwarz umgewandelt.

Helligkeit haben wir schon weiter oben besprochen, der Regler steuert in erster Linie die mittleren Helligkeiten, so dass beim Aufhellen des Bildes die Lichter nicht so schnell ins Clipping geraten.

Kontrast sorgt dafür, dass die Mitteltöne sich nicht ändern, während helle Töne in Richtung weiß und dunkle Töne in Richtung schwarz wandern. So wird der Kontrast erhöht.

Der Schieber **Klarheit** ist ebenfalls neu. Dahinter verbirgt sich eine ähnliche Funktion wie unter 3.17 „Scharfzeichnen verkehrt herum" beschrieben. Der lokale Kontrast zwischen unterschiedlich hellen Bereichen des Bildes wird verstärkt, während der Gesamtkontrast nur schwach beeinflusst wird. Bei einigen Bildern wirkt das, als würde man einen Grauschleier beiseite ziehen.

Die **Dynamik** ist eine weitere Neuerung. Sie ist so etwas wie ein „intelligenter" Sättigungsregler. Schwach gesättigte Bereiche des Bildes werden in ihrer Farbsättigung verstärkt, während stärker gesättigte Bereiche kaum beeinflusst werden. Diese Art der Intensivierung der Farben ist meist wesentlich besser als das globaler wirkende Werkzeug **Sättigung**.

3.9 Ebenenmasken in Photoshop Elements

Ebenenmasken sind eine der wichtigsten Möglichkeiten der Bildbearbeitung, sie werden in den folgenden Tipps immer wieder benötigt. Mit ihnen kann man bestimmen, wie viel von der entsprechenden „normalen" Ebene (das gilt nicht bei Hintergrundebenen) gezeigt werden soll.

> **TIPP**
>
> Dort, wo die Ebenenmaske weiß ist, wird alles gezeigt; wo sie schwarz ist, nichts. Hellere Grautöne lassen noch viel sehen, bei dunkleren Tönen steigt die Transparenz der zugehörigen Ebene.

Leider stehen die Ebenenmasken nicht bei jeder Bildbearbeitung zur Verfügung. In Photoshop Elements zum Beispiel kann man sie nicht anlegen. (Es geht da nur für die Einstellungsebenen). Beim großen Bruder Photoshop und in Gimp dagegen klappte das mit einem Mausklick.

Aber es gibt Hilfe. Laden Sie in Photoshop Elements einfach eine Datei, die eine Ebenenmaske erhalten soll. Dazu muss natürlich eine „normale" Ebene vorhanden sein, denn die Hintergrundebene kann ja keine Maske erhalten.

Nun öffnen Sie ein weitere Datei, die schon eine Ebene enthält. (Haben Sie nicht? Kein Problem, laden Sie sich eine solche Datei unter http://www.fotolehrgang.de/100tippsundtricks/index.php herunter.)

Wenn beide Dateien geöffnet sind, wechseln Sie in die Datei mit der Maske, ziehen die Ebene mit gedrückter Maus aus der Ebenenpalette auf das Fenster Ihres Bildes und lassen sie dort fallen (Maustaste lösen).

Nun haben Sie in Ihrem Bild eine Ebenenmaske mit einer leeren Ebene. Schieben Sie diese in der Ebenenpalette unter die Ebene, die eine Maske erhalten soll, aktivieren Sie dann den „Erben" (Klick auf das Bild in der Ebenenpalette) und wählen Sie im Ebenenmenü den Punkt „Mit darunter liegender auf eine Ebene reduzieren". Der Kurzbefehl lautet [STRG]+[E].

Sie werden nun gefragt, ob Sie die Maske anwenden oder erhalten wollen. Die Antwort dürfte klar sein: „Erhalten"! Denn genau darum, eine solche Ebenenmaske zu erhalten, ging es uns ja schließlich. (Auch wenn mit dem Erhalten im zweiten Fall eine etwas andere Bedeutung verbunden ist.)

3.10 Richtig scharfzeichnen (1)

Digitale Bilder sind wegen der heute üblichen Aufnahmetechnik gleichsam von Haus aus etwas unscharf. Bei der Umwandlung zum JPEG wird deshalb das Bild meist schon innerhalb der Kamera geschärft. Und auch viel RAW-Konverter können das Bild während der Umwandlung schärfen. Diese Grundschärfung sollte (in milder Form) für jedes Bild erfolgen.
Doch im weiteren Verlauf der Bildbearbeitung können erneut Unschärfen auftreten, z.B. durch Größenveränderungen oder weil das Foto gedreht wird.
Dann muss erneut scharfgezeichnet werden. Während die kamerainterne Scharfzeichnung nur grob in der Stärke beeinflusst werden kann und auch die Schärfung im RAW-Konverter meist nur wenige Optionen zulässt, gibt es in der Bildbearbeitung verschiedene Wege mit vielen Variationsmöglichkeiten.

Bevor ich jetzt auf konkrete Verfahren eingehe, möchte ich kurz erklären, was beim Schärfen eigentlich passiert: Dem Bild werden keine neuen Details hinzugefügt – woher soll die Kamera wissen, was sich in der unscharfen Partie versteckt! (In den Spionagethrillern sind zwar immer irgendwelche Computerfreaks zu sehen, die aus drei unscharfen Bildpunkten ein leserliches Autokennzeichen schaffen, aber bis in die handelsüblichen Programme sind diese revolutionären Hollywoodtechniken noch nicht vorgedrungen.)
Anstatt fehlende Details hinzuzufügen, wird lediglich der Eindruck der Schärfe erhöht, indem die Kanten im Bild verstärkt werden. Erscheint etwa an einer unscharfen Kante zwischen Weiß und Dunkelgrau ein fließender Übergang von Dunkelgrau über Grau zu Weiß, werden durch das Scharfzeichen die dunklen Bereiche des Übergangs abgedunkelt, die hellen Bereiche aufgehellt, um möglichst wieder eine optimale Kante zu erhalten.

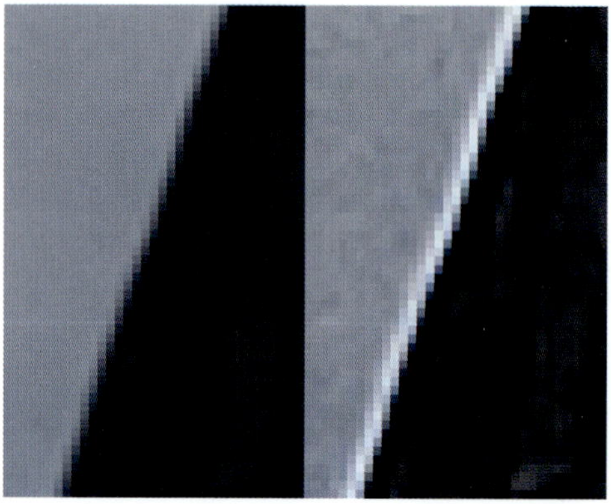

Links ist ein unscharfer Übergang. In der stark vergrößerten Abbildung ist links ein unscharfer Übergang, der rechts stark geschärft wurde. Diese Schärfung ist viel zu stark, der übertriebene Effekt soll das Verfahren verdeutlichen.

Für dieses Scharfzeichen gibt es verschieden Verfahren, auf die ich in den folgenden Tipps eingehen werde.

An erster Stelle gilt es aber drei Punkte zu beachten:

TIPP

1) Die Schärfung muss auf das Wiedergabeverfahren abgestimmt sein, Monitorbilder benötigen eine andere (schwächere) Schärfung als Bilder für den Ausdruck.
2) Bilder sollten, wenn möglich, abgesehen von der Grundschärfung (bei der Umwandlung der Sensordaten) immer nur einmal geschärft werden. (Das kann dann aber in mehreren Schritten erfolgen.)
3) Sie sollten immer erst zum Schluss der Bildbearbeitung schärfen.

Ein Bild, dass für den Tintenstrahler auf optimale Schärfe getrimmt wurde, ist für den Monitor leider meist überschärft.
Und jedes erneute Schärfen führt dazu, dass die künstlichen Kanten des vorherigen Schärfens betont werden, was zu hässlichen Fehlern führen kann. Deshalb sollte man (nach der RAW-Konvertierung oder kamerainternen Schärfung) möglichst immer nur wohlüberlegt ein einziges Mal schärfen. Das muss zum Ende der Bearbeitung sein, denn erst zum Abschluss der Bildbearbeitung ist sicher, dass die Bilder nicht weiter transformiert werden, dass also keine neue späteres erneutes Schärfen verlangende Unschärfe ins Bild kommt. Und erst dann kann man womöglich eine Version des Bildes für den Monitor und ein weitere für den Ausdruck schärfen.

Zum Schärfen gibt es verschiedene Methoden. Die erste Empfehlung lautet: **„unscharf maskieren“** (**USM**). Dahinter verbirgt sich eine alte Technik, die einem Verfahren aus der analogen Dunkelkammer nachempfunden ist.
Wenn aus dem Dialog Filter „Unscharf maskieren“ ausgewählt wurde, öffnet sich ein Fenster mit mehreren Reglern. Hier kann festgelegt werden, wie das Bild geschärft wird. Mit dem **Schwellwert** legt man fest, wie stark sich zwei Bereiche unterscheiden müssen, um berücksichtigt zu werden. Mit **Radius** wird eingestellt, wie weit die Aufhellung bzw. Abdunklung vom Mittelbereich des Grauverlaufs aus gehen soll, um den Eindruck einer Kante zu erzeugen. Schließlich wird mit **Stärke** festgelegt, wie intensiv die Veränderung in dem Bereich ist.

Übliche Werte für Digitalfotos spielen sich in folgenden Bereich ab: Stärke 60 (bis 100, maximal 200); Radius 0,4 (bis 1, maximal 2); Schwellwert 0 (bis 2). Aber das sind nur Anhaltswerte, Sie werden schon etwas experimentieren müssen.
Mit dem Schwellwert können Sie verhindern, dass hässliches Bildrauschen durch das Schärfen betont wird, aber es werden dadurch auch schwache Kontraste vom Schärfen ausgeschlossen.
Vorsicht vor dem Überschärfen, dann entstehen hässliche „**Halos**" an den Bildkanten (siehe Abbildung Seite 120). Andererseits sind Bilder, die am Monitor überschärft aussehen, oft für den Ausdruck gerade richtig; auch da muss man etwas experimentieren.

Eine Weiterentwicklung ist das „**Smart Sharpen**" oder „**Selektiver Scharfzeichner**" von Photoshop CS2 / CS3. Hier können Sie verschiedene Schärfungsmethoden auswählen. „Gauß'scher Weichzeichner" führt zu Ergebnissen ähnlich dem üblichen USM. Wesentlich besser ist „**Tiefenschärfe abmildern**". (Fragen sie mich nicht, wer für diese Bezeichnungen zuständig ist.) In diesem Modus kann man stärker schärfen, ohne dass Halos auftauchen.

Unter „Erweitert" finden Sie die Möglichkeit, bestimmte Helligkeitsbereiche im Bild schwächer zu schärfen. Wenn dunkle Tonwerte schon rauschen, dann können Sie sie unter „Tiefen" mit dem „Verblassen"-Regler aus dem Schärfen ausgrenzen. Welche Bereiche so beeinflusst werden, legen Sie mit der „Tonbreite" fest. Und auch mit dem Radius legen Sie fest, wie viel von den dunklen Bereichen des Bildes vom Verblassen der Scharfzeichnung betroffen sind.

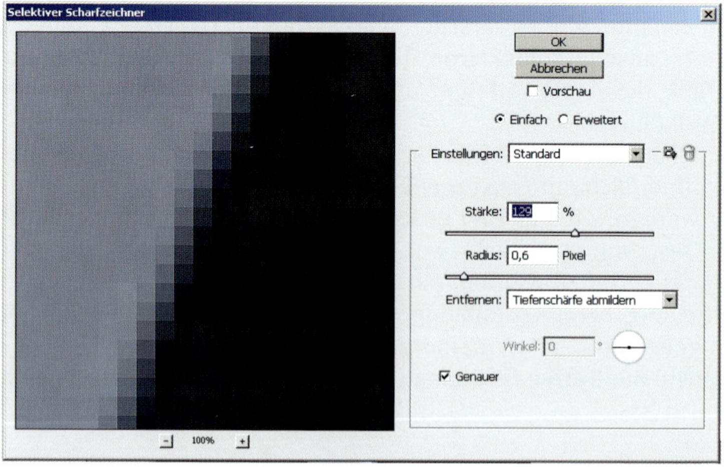

Das Einstellungsfeld des Smart Sharpen-Filters

3.11 Richtig scharfzeichnen (2)

Das Scharfzeichen führt neben den Halos auch oft zu Farbverfälschungen an Kanten im Bild. Das lässt sich mit einem Trick aber verhindern. Wechseln Sie dazu im Menü „Bild“ in den **LAB**-Modus. Das geht aber leider nur in Photoshop. In diesem Farbmodus basiert das Bild nicht mehr auf den drei Farbkanälen Rot, Grün und Blau, sondern auf einem Helligkeitskanal (Luminanz) und zwei zusätzlichen Farbkanälen. Wenn Sie in der Kanälepalette nun nur den Luminanzkanal auswählen, wird das Scharfzeichen auch nur auf diesen Kanal angewandt. Es wird also nur die Helligkeit geschärft, die Farben dagegen bleiben, wie sie sind.

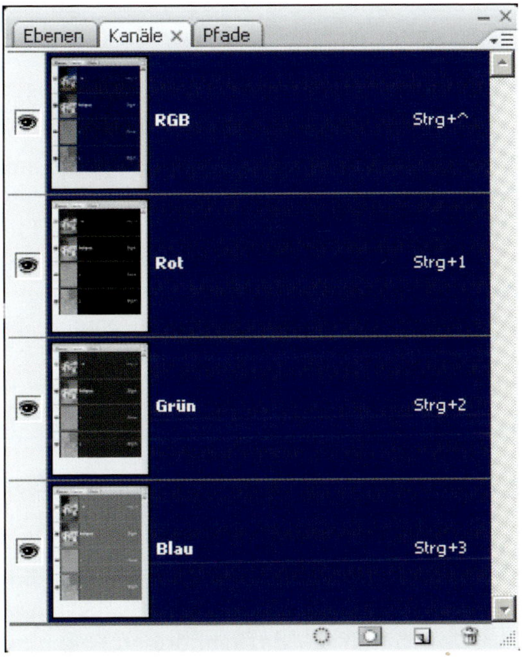

Die Palette der LAB-Kanäle

TIPP

Schärfen Sie im LAB-Modus nur die Helligkeiten des Bildes, um bunten Linien an Kanten zu verhindern.

3.12 Richtig scharfzeichnen (3)

TIPP

Noch weiter verfeinern lässt sich das Scharfzeichnen, wenn Sie nur die Kanten im Bild auswählen, um dann auch nur diese scharfzuzeichnen.

Um nur die Kanten im Bild zum Schärfen auszuwählen, gibt es verschiedene Verfahren. Ich zeige Ihnen hier einen Weg, der auf dem Einsatz von Ebenen basiert, so dass sich das Ergebnis nachträglich noch verändern lässt.

Legen Sie dazu zuerst eine Kopie der Ebene Ihres Bildes an, indem Sie sie auf das Symbol „neue Ebene“ ziehen (oder mit dem Kurzbefehl [STRG] + [J]).
Machen Sie dann per [STRG]+[A] eine Auswahl für das ganze Bild und kopieren Sie es in die Zwischenablage.
Legen Sie für die neue Ebene eine Ebenenmaske an und klicken Sie mit gedrückter [ALT]-Taste auf diese Maske in der Ebenenpalette.
Sie sehen nun den Inhalt der (bis jetzt noch leeren) Ebenenmaske. Mit [STRG] + [V] können Sie das Bild aus der Zwischenablage in die Maske laden. Es erscheint dort in Schwarzweiß.
Mit dem Filter „Konturen finden“ aus dem Filtermenü „Stilisierungsfilter“ heben Sie die Kanten im Bild hervor. Mit etwas Kontrastverstärkung durch die Tonwertkorrektur betonen Sie die Kanten noch stärker; dazu ziehen Sie die beiden äußeren Schieberegler der Tonwertspreizung näher an die Mitte.
Nun noch die Auswahlmaske weichzeichnen (Gauß’scher Weichzeichner) und anschließend per [STRG] + [i] invertieren, also ins Negativ wandeln.
Jetzt sollten Sie in der Ebenenmaske ein dunkles Bild haben, bei dem die Kanten Ihres Fotos hell, möglichst weiß, sind. Diese Ebenenmaske lässt vom Inhalt der dazugehörigen Ebene nur die in der Maske hellen Bereiche, also die Kanten, sichtbar werden. (Wenn Sie die darunterliegende Ebene mit dem Augensymbol vorübergehend unsichtbar machen, können Sie die Auswirkung der Ebenenmaske kontrollieren.)
Mit einem Klick in die Ebenenminiatur in der Ebenenpalette wechseln Sie in diese Ebene und können sie nun nach Belieben schärfen. Die Auswirkungen des Scharfzeichnens werden aber nur an den Stellen sichtbar, die in der Ebenenmaske hell sind. Sie können also ruhig kräftig schärfen, ohne Gefahr zu laufen, das in den Flächen auftretende Rauschen zu betonen.

3.13 Tonwerte korrigieren

Das Werkzeug Helligkeit/Kontrast hat durch seinen Namen natürlich einen starke Anziehungskraft für alle, die die Helligkeit oder den Kontrast ihrer Fotos bearbeiten wollen.
Doch Vorsicht, in vielen Bildbearbeitungen (zum Beispiel Photoshop bis CS2 inkl. oder bei Gimp) verschiebt man mit dem Werkzeug das komplette Helligkeitsspektrum. Wenn man das Bild heller machen will, schiebt man mit diesem Verfahren die hellen Töne ins Weiß, sie werden ausfressen. Und das Schwarz des Bildes wird zu Dunkelgrau, so dass gar kein echtes Schwarz mehr im Bild vorhanden ist. Statt also nur die Wirkung der Helligkeit zu beeinflussen, haben wir die Tonwertabstufungen unsers Bildes stark reduziert.

Viel besser lässt sich der Helligkeitseindruck des Bildes mit dem Werkzeug „Tonwertkorrektur“ – oder in Gimp mit „Werte“ – steuern. In Photoshop finden Sie es im Menü „Bild“ unter „Anpassen“, „Tonwertkorrektur“. Oder Sie rufen es ganz schnell mit der Tastenkombination [ALT]+[M] auf.
In Gimp befindet es sich unter „Werkzeuge – Farben – Werte“.

Die Bedienung dieses Werkzeugs ist fast immer recht ähnlich. Das Werkzeug gliedert sich in zwei Teile, **„Tonwertspreizung“** bei **Photoshop** bzw. **„Quellwerte“** bei **Gimp**. Darunter befindet sich ein zweiter Bereich, **„Tonwertumfang“** bei Photoshop bzw. **„Zielwerte“** bei Gimp. Diesen zweiten Bereiche benötigen Sie in der Folge nicht.
Im zentralen Teil von „Quellwerte“ bzw. „Tonwertspreizung“ sehen Sie ein Histogramm des Bildes: Links ist Schwarz (**Tonwert 0**), rechts ist Weiß (**Tonwert 255**).
Unter dem Histogramm befinden sich drei Schieberegler. Mit dem linken steuern Sie Schwarz: Schieben Sie ihn nach rechts, werden mehr und mehr dunkle Bereiche im Bild zu Schwarz. Analog funktioniert der rechte Regler: Ihn können Sie nach links schieben, so dass immer mehr helle Bildtöne zu Weiß werden.
Die den beiden Reglern korrespondierenden Zahlenfelder zeigen, welcher Tonwert im Bild Schwarz bzw. Weiß wird. Alle dunkleren bzw. helleren Bildtöne müssten ja durch die Veränderung nach links oder rechts über das Histogramm hinausgeschoben werden. Das geht natürlich nicht, es gibt ja kein weißeres Weiß oder schwärzeres Schwarz als 255 bzw. 0. Deshalb werden diese Töne ebenfalls Schwarz (0) oder Weiß (255).
Während also mit den beiden äußeren Reglern die Zuweisung für Weiß oder Schwarz geregelt wird, ist für die reine Helligkeitssteuerung der mittlere Regler zuständig.

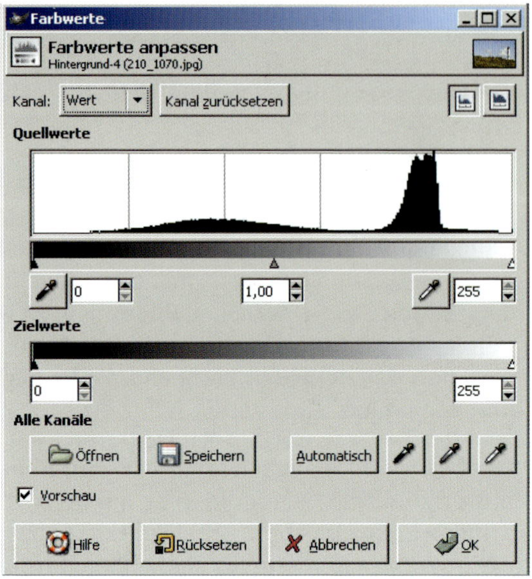

Das Dialogfeld „Werte" bei Gimp

Mit ihm beeinflussen Sie das Gamma des Bildes, also den Anstieg der Tonwerte zwischen Schwarz und Weiß. Sie können sich das der Einfachheit halber genauso gut analog zu den beiden anderen Reglern so vorstellen, als würden Sie mit dieser Einstellung festlegen, welche Helligkeit im Bild nun zu Tonwert 127 (also zu mittlerer Helligkeit) werden soll.
Soll ein dunklerer Tonwert mittelhell werden? Dann werden alle mittleren Töne und damit die Wirkung des gesamten Bildes heller. Oder soll ein hellerer Tonwert zu 127 werden? Dann werden die Mitteltöne des Bildes abgedunkelt, seine Wirkung wird dunkler.
In jedem Fall aber, und das ist **der entscheidende Vorteil** dieses Verfahrens, bleibt Schwarz Schwarz und Weiß Weiß. (Zumindest so lange, bis Sie die äußeren Reglerstellungen verändern.)

TIPP

Statt des Werkzeugs „Helligkeit/Kontrast" sollten Sie die Einstellungen in der Tonwertkorrektur (in Gimp: „Werte)" anwenden, um die gefühlte Helligkeit des Bildes zu erhöhen.

3.14 Gradationskurven

Die Gradationskurven (oder nur „Kurven“ in Gimp) sind eine weitere Möglichkeit, Helligkeit und Kontrast im Bild zu beeinflussen. Hier lassen sich auf der Skala von Schwarz nach Weiß viele verschiedene Tonwerte einzeln steuern.
Das Fenster zeigt ein Gitter mit einer diagonalen dünnen Line. Diese Linie regelt das Verhältnis von Eingabewert (Ist-Helligkeit) zu Ausgabewert (Soll-Helligkeit).
Das Ganze ist kinderleicht: Fassen Sie einfach die Kurve irgendwo im mittleren Bereich mit der gedrückten Maus und ziehen Sie sie an dieser Stelle senkrecht nach oben oder unten. Im Bild wird der zu diesem Kurvenpunkt gehörenden Ton nun heller oder dunkler, je nachdem, wohin Sie ziehen.
Vor allem, wenn Sie mittlere Tonwerte verändern, ist der Unterschied zur Tonwertkorrektur nicht besonders groß. Wenn Sie aber ein zweites Mal auf die Kurve klicken, können Sie an einer weiteren Stelle ziehen und so der Kurve z.B eine S-Form geben. Je nachdem, wie herum das „S“ läuft, wird das Bild dadurch kontrastreicher oder flauer. Durch die Möglichkeit, unterschiedliche Stellen im Bild unterschiedlich zu beeinflussen, ist dieses Werkzeug viel besser zu steuern als die Tonwertkorrektur. Es ist aber auch umständlicher in der Handhabung.

TIPP

Für den Anfänger ist es schwer, die zu einer bestimmten Helligkeit, einem Tonwert, gehörenden Bereich der Linie/Kurve zu finden. Drücken Sie in Photoshop die [ALT]-Taste und fahren Sie dann mit gedrückter rechter Maustaste über das Bild. In der Kurve wird der zu dem jeweils unter dem Cursor liegenden Helligkeitsbereich gehörende Kurventeil durch einen kleinen Kreis markiert.

Das Kurvenwerkzeug startet in Photoshop-Versionen vor CS3 nach dem ersten Aufruf in einer Art Minifenster. Klicken Sie auf das „Vergrößern“-Symbol unten rechts in dem Fenster, dann wird der Bereich an heute übliche Monitorgrößen angepasst. Wenn Sie ein feineres Raster wünschen (das beeinflusst nicht die Arbeitsweise des Werkzeugs, macht aber manche Einstellungen leichter), klicken Sie einmal mit gedrückter [ALT]-Taste mit der linken Maustaste in den Bereich der Gitterlinien; diese werden dann feiner aufgeteilt.
In Photoshop Elements gibt es leider kein Werkzeug „Gradationskurven“, aber zumindest für einige der älteren Versionen gibt es eine

Nachrüstmöglichkeit über Filter. Die URLs finden Sie über die Suchmaschinen, oder werfen Sie einen Blick auf die Webseite zum Buch (http://www.fotolehrgang.de/100tippsundtricks/index.php).

Bei allen Arbeiten mit den Gradationskurven sollten Sie unbedingt versuchen, im „Kurvenmodus“ zu bleiben. Wenn Sie in dem entsprechenden Feld statt der Kurven den Bleistift aktiviert haben, werden die Übergänge und Unterschiede sehr abrupt. Für Fotos ist dieser Modus in aller Regel nicht geeignet.

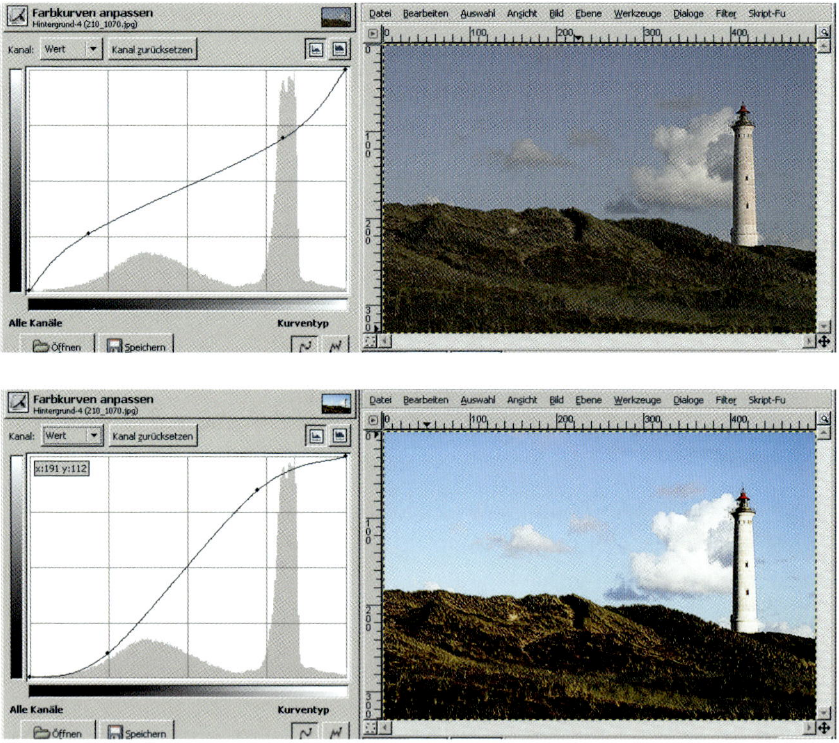

Unterschiedliche Kurven für harten und weichen Kontrast

3.15 Kontrastmaske (Alternative zu Lichter und Schatten)

Wenn Ihre Bilder einen zu starken Kontrast aufweisen, ist es oft schwer, diesen mit den üblichen Werkzeugen (z.B. Gradationskurven) an das gewünschte Maß anzupassen.
Photoshop und Photoshop Elements bringen dafür seit einigen Versionen das Werkzeug „Tiefen und Lichter“ aus dem „Anpassen“-Bereich des Bildmenüs von PS bzw. aus „Bearbeiten-Beleuchtung anpassen“ bei PSE mit. Damit lässt sich der Kontrast ganz erstaunlich beeinflussen.

Doch auch wenn Ihre Bildbearbeitung keinen Tiefen-Lichter-Filter kennt, können Sie den Kontrast verändern. Dazu müssen Sie in Ihrem Bild die (Hintergrund-)Ebene duplizieren, entweder, indem Sie sie auf das Symbol für „Neue Ebene erstellen“ in der Ebenenpalette ziehen, oder mit dem Tastenbefehl [STRG]+[J].

Sodann müssen Sie ein Negativ aus der Ebene machen – „invertieren“ nennt man das ([STRG]+[I] bei Photoshop, im Menü Ebene-Farben ist es in Gimp zu finden). Dort gibt es auch „Sättigung entfernen“, das wir als Nächstes brauchen; bei Photoshop finden Sie diesen Punkt unter „Bild-Anpassen-Sättigung verringern“ ([STRG]+[Umschalt]+[U]). Die neue Ebene soll so alle Farbinformation verlieren, denn uns geht es ja um eine Helligkeitsveränderung. Die Farbtöne dagegen sollen unbeeinflusst bleiben.
Im Anschluss muss die Ebene noch weichgezeichnet werden, damit es nicht zu schärfungsartigen Fehlern kommt. Das Weichzeichnen erfolgt mit Gauß'schem Weichzeichner und so stark, dass feinste Details verloren gehen.

Photoshop Einstellungsfenster Gauß'scher Weichzeichner

Nun ist die Ebene zur Kontrastkorrektur fertig. Sie liegt jetzt vor dem eigentlichen Bild. In den Bereichen, in denen das Bild zu dunkel ist, ist die neue Ebene hell; in den Bereichen in denen das Bild zu hell ist, ist sie dunkel.
Mit einer Veränderung des Überblendmodus für die Ebenen zu „Ineinanderkopieren" bzw. „Überlagern" („Screen" bei englischsprachiger Software wirkt sich die neue Ebene nun kontrastmindernd auf die untere Ebene aus. Dunkles wird heller, Helles wird dunkler. Steuern lässt sich das Ganze über die Deckkraft der Ebene und auch mittels Ebenenmasken.

Als Schmankerl noch ein Sondertipp. Wenn Sie das Verfahren mit Photoshop durchführen, gibt es eine Abwandlung, bei der Sie je eine Kopie des Bildes und eine wie oben erstellte Kontraststeuerungsebene im Modus „Überlagern" in einen Ebenengruppe packen (Ordnersymbol unten in der Ebenenpalette).
Sie haben dann zwei Ordner mit je einem Bild und einer Korrekturebene. Der einen Gruppe (nicht den darin befindlichen Ebenen, sondern der gesamten Ebenengruppe) geben Sie nun den Modus „Aufhellen", der anderen den Modus „Abdunkeln". Mit unterschiedlichen Deckkrafteinstellungen für die beiden Gruppen können Sie nun Licht und Schatten separat steuern.

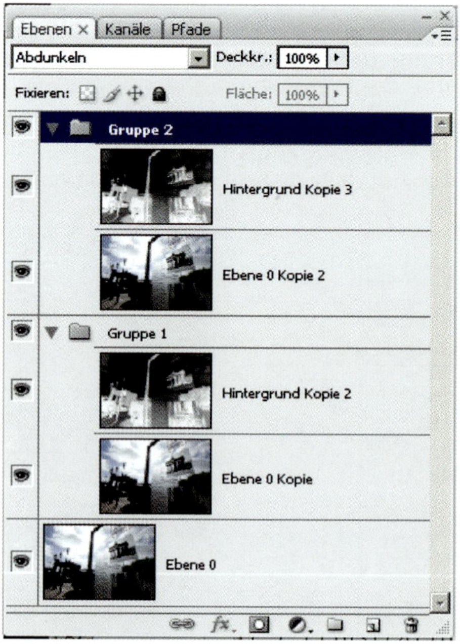

Gruppe 2 dunkelt die ganz unten liegende Ebene 1 ab, Gruppe 1 dagegen hellt dieselbe Ebene auf. In beiden Gruppen ist die unscharfe invertierte Kopie des Originalbildes auf den Modus „Ineinanderkopieren" gestellt.

3.16 DRI mit PTAverage

DRI (Dynamic Range Increase) ist, vereinfacht gesagt, eine Technik, mit der man den Kontrastumfang, der für ein Bild aufgezeichnet werden kann, erhöht. Normalerweise macht man dazu mehrere Bilder des gleichen Motivs, die unterschiedlich belichtet werden. Natürlich sollten die Aufnahmen vom Stativ gemacht werden, damit die Ausschnitte möglichst übereinstimmen.

Die einzelnen Aufnahmen sollten so unterschiedlich belichtet sein, dass der Kontrastumfang des Motivs möglichst in vollem Umfang erfasst wird. Oft macht man dazu neben einer Aufnahme, die einer mittleren Einstellung entspricht, eine deutlich hellere Belichtung (bis zu plus zwei Belichtungswerten), in der die Schatten gut gezeichnet sind und eine deutlich dunklere Aufnahme (bis zu minus zwei Belichtungswerten), in der die hellen Bereiche, die Lichter des Motivs, gute Zeichnung haben.
Damit die Aufnahmen nicht stark unterschiedliche Schärfentiefe aufweisen, steuert man die Belichtung nur durch Veränderungen der Belichtungszeit. Die Blendenwerte dagegen bleiben unverändert.
Viele Kameras machen das automatisch, der entsprechende Menüpunkt heißt meist **AEB** (Auto Exposure Bracketing = Automatische Belichtungsreihe).
Mit dieser Automatik lässt sich in der Regel auch der Belichtungsunterschied zwischen den Bildern vorwählen. So können Sie ohne weitere Einstellungsveränderung die unterschiedlichen Bilder fotografieren. Damit umgeht man die Gefahr, dass die Kamera bei der Änderung der Belichtungszeit bewegt wird.
Die drei (oder auch mehr) Bilder dieser Belichtungsreihe werden bei der **HDR**-Technik (High Dynamic Range = Hoher Kontrastumfang) dann zu einem Foto zusammengerechnet, das den kompletten Helligkeitsumfang aller drei Bilder besitzt. Die so entstandene HDR-Datei hat statt der üblichen 8 Bit (256 Helligkeitsstufen) oder 16 Bit (65.536 Stufen) 32 Bit (4.294.967.296 Abstufungen) oder sogar noch mehr.
So lassen sich alle Helligkeitsstufen eines Motivs einfangen. Nur kann leider weder der Monitor noch das Papier diesen gigantischen Umfang wiedergeben. Die Tonwerte müssen also an die Wiedergabetechnik angepasst werden. Dazu gibt es verschiedene Möglichkeiten.
Entweder nimmt man nur einen Ausschnitt des aufgezeichneten Spektrums, dann hat das Bild einen Kontrastumfang, wie ihn ein „normales“ Foto aufweisen würde. Auf diese Art könnte man aus der

HDR-Datei verschiedene unterschiedliche Bilder erzeugen, die quasi unterschiedlichen Belichtungen bei der Aufnahme entsprächen.
Eine zweite Methode, um die aufgrund verschiedener Softwarelösungen in der letzten Zeit viel Aufhebens gemacht wurde, ist das **Tonemapping**. Dabei werden die Tonwertstufen reduziert. Das geschieht aber nicht nach Schema F, sondern man macht sich einige Schwächen der menschlichen Wahrnehmung zunutze, die mit der unterschiedlichen Beurteilung von Gesamtkontrast und Lokalkontrast zusammenhängen. Diese Bilder wirken schnell sehr künstlich.

Wenn Sie nur den zu hohen Kontrastumfang einer Aufnahmesituation in den Griff bekommen möchten, ist eine solche aufwendige Bearbeitung der Bilder oft gar nicht nötig. Der Klassiker ist da sicherlich die Innenaufnahme mit Blick aus dem Fenster. Der Kontrastumfang ist dann meist zu hoch, entweder ist die Außenansicht zu hell, oder der Innraum säuft ab.
Hier sind nicht unbedingt HDR und Tonemapping nötig. Mit **PTAverage**, einem Werkzeug aus der Gruppe der „Panorama Tools", das Prof. Dersch zur kostenfreien Nutzung veröffentlicht hat, können Sie zwei oder drei Aufnahmen miteinander verschmelzen. Das Programm nimmt dann aus dem dunklen Bild die hellen Bereiche und aus dem hellen Bild die gut durchgezeichneten dunklen Bereiche.
Zuerst müssen Sie aber PTAverage „installieren". Dazu laden Sie die Datei PanoTools.zip aus dem Internet, zum Beispiel von der Seite http://www.all-in-one.ee/~dersch/PanoTools.zip.
Wenn Sie die Zip-Datei entpackt haben, finden Sie im Ordner „Helpers" das Programm PTAverage.exe. Zum Installieren reicht es, wenn Sie diese Datei irgendwohin kopieren, z.B. auf Ihren Desktop.
Die Bedienung ist kinderleicht. Ziehen Sie einfach nur die Bilder mit der Maus auf das Programm-Icon. Im sich öffnenden Dialog geben Sie nun noch einen Speicherort und einen Namen für die Ergebnisdatei an. Die Datei-Endung muss dabei „bmp" für „Bitmap" sein.
Nach einigen Sekunden haben Sie das Ergebnis. Die entstandene Bitmap-Datei lässt sich mit fast allen Bildbearbeitungen öffnen und weiterbearbeiten.

Zusatztipp:
Um das Bildergebnis etwas zu steuern, können Sie einfach vom Ursprungsbild, welches das Ergebnis stärker beeinflussen soll, eine oder mehrere Kopien machen und diese zusätzlich in die Bearbeitung einfließen lassen.

3.17 Scharfzeichnen verkehrt herum

Das Werkzeug „Unscharf maskieren“ wird üblicherweise dazu eingesetzt, Kanten in einem Bild deutlich sichtbar zu machen und so den Schärfeindruck zu verstärken. Man kann damit also „scharfzeichnen“. Bei einer weiteren Anwendung wird das Tool quasi „gegen den Strich gebürstet“ eingesetzt.
Während in der normalen Funktion zum Scharfzeichen der Wert für den Radius klein (zwischen 0,4 und 1, maximal 2) gehalten und der Wert für Stärke hoch (zwischen 40 und 100, evtl. auch bis 200) benutzt wird, ist es in diesem Fall umgekehrt.
Man setzt den Wert für Stärke niedrig (zum Start zwischen 20 und 40) und den Radius hoch. Je nach Bildgröße kann das auf 100 und mehr Pixel gehen. Durch diese Einstellung wird nun der lokale Kontrast im Bild gespeichert. Der Helligkeitsunterschied aneinanderstoßender Bereiche im Bild wird gesteigert.
Es ist wichtig, dass Sie bei „Vorschau“ ein Häkchen gesetzt haben, denn der Effekt lässt sich am besten beurteilen, wenn Sie im Bildfenster das gesamte Bild sehen. Das Vorschaufenster des Filters ist zur Beurteilung zu klein.

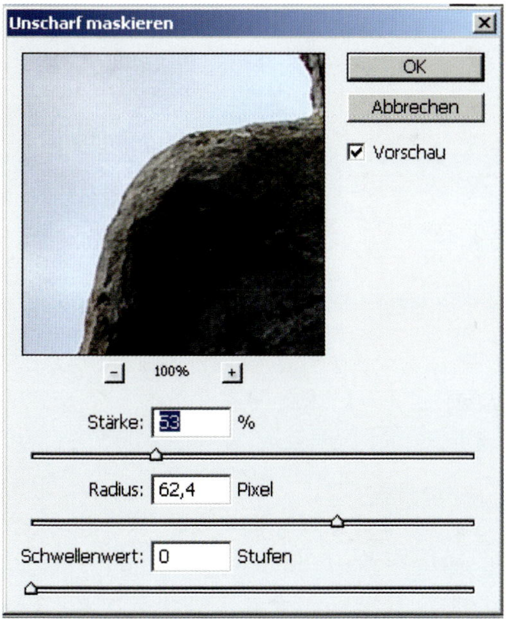

Die Einstellungen gegen den Strich gebürstet

Diese Vorgehensweise funktioniert nicht bei allen Bildern, aber bei vielen Fotos ist der Effekt wirklich verblüffend. Es wirkt, als hätte man einen Schleier vom Bild gezogen.
Der Effekt ist schnell ausprobiert, so dass Sie, bis Sie etwas Erfahrung gesammelt haben, das bei jedem Bild nach der Bearbeitung (und noch vor dem abschließenden „echten" Scharfzeichen) einfach testen können.
Am stärksten profitieren nach meiner Erfahrung Landschaftsbilder und klassische Porträts von diesem Spezialeinsatz des Filters „Unscharf maskieren".

Der RAW-Konverter von Photoshop CS3 besitzt eine Funktion mit ähnlicher Wirkung. Der Schieberegler dazu heißt „Klarheit".

Unscharf maskieren falsch herum: vorher/nachher

3.18 Porträt: Augen aufhellen, Pupille sättigen

Falten wegzustempeln und Pickel oder Glanzlichter zu entfernen sind beliebte Tricks, um Menschen auf Porträts freundlicher, jünger und gesünder erscheinen zu lassen. Es gibt aber noch weitere Verfahren, die etwas subtiler zu Werke gehen.
Solch ein kleiner Trick, ein Porträt etwas freundlicher und frischer wirken zu lassen, ist die Aufhellung der Zähne und der weißen Bereiche der Augen. Mit der Bildbearbeitung geht das ganz einfach. Sie brauchen nur das **Abwedlerwerkzeug** einzusetzen. Dieses Werkzeug ahmt einen Vorgang in der Dunkelkammer nach. Man nahm ein Stück Pappe, das an einem Draht befestigt war. Die Pappe hielt man in den Strahlengang des Vergrößerers über Bildbereiche, die sonst zu dunkel werden würden. Da diese Bereiche nun beim Vergrößern im Schatten der Pappe lagen und weniger Licht erhielten, blieben sie heller. Und weil die Pappe bewegt wurde, entstanden keine scharfen Kanten im Bild, die die künstliche Aufhellung hätten verraten können.
In der Bildbearbeitung setzt man das Werkzeug ganz ähnlich ein, um einzelne Bildbereiche aufzuhellen. Aber hier können Sie das Verfahren noch verfeinern. Sie können wählen, welche Tonwerte im Bild aufgehellt werden. Im Dialog können Sie festlegen, ob die Tiefen, die Mitten oder die Lichter beeinflusst werden. Und mit der Deckkraft können Sie das Ganze noch feiner steuern.
Wenn Sie nun den Modus „Lichter“ wählen und das Augenweiß mit einer weichen Werkzeugspitze und geringer Deckkraft (30 %) abwedeln, können Sie dort ein Leuchten erzeugen.
Das Aufhellen muss sanft geschehen: Lässt das Weiße der Augen an ein hartgekochtes Hühnerei denken, war es auf jeden Fall zu viel. Und die Iris sollten Sie hiervon ausnehmen, sonst wird die Farbe dort zu wässrig.
Stattdessen können Sie, und das ist der zweite Teil des Tipps, mit dem **Schwammwerkzeug** dort die **Farbsättigung erhöhen**. Das Schwammwerkzeug stammt ebenfalls aus der Dunkelkammer. Dort trug man mit dem Schwamm während der Entwicklung neuen frischen Entwickler oder Wasser an bestimmten Stellen des Bildes auf, um die Entwicklung und damit die Schwärzung einzelner Bildbereiche gezielt zu verstärken oder zu reduzieren.
In der Bildbearbeitung kann der Schwamm viel mehr, hier können Sie mit dem Werkzeug auch die Sättigung der Farben an einzelnen Bildstellen anpassen.
Zur Optimierung der Iris sollten Sie eine passenden Werkzeuggröße wählen. Vorsicht: Während es beim oben beschriebenen Aufhellen, wenn der Bereich auf „Lichter“ gestellt wird, kaum Probleme mit der

Haut um das Auge herum gibt, kann der Schwamm die Sättigung auch in diesen Bereichen erhöhen. Hier müssen Sie dann mit entsprechender Sorgfalt vorgehen.
Stellen Sie den „**Fluss**" (die Intensität) für die Sättigung auf einen Wert zwischen 30 % und 60 % und wischen Sie vorsichtig mit dem Schwamm über die Iris. Wenn dort Spiegelungen von Fenstern oder Ähnlichem vorhanden sind, sollten Sie diese von der Bearbeitung aussparen. In diesen Bereichen haben die Fensterspiegelungen oft einen starken Blauanteil, der nicht stärker gesättigt werden sollte. Wenn die Iris irgendwo an die Haut um das Auge grenzt, müssen Sie ebenfalls vorsichtig sein, der Hautton an diesen Stellen sollte von der Manipulation ausgeschlossen bleiben.

Sollten im Bild auch die Zähne zu sehen sein („Sag mal ‚Cheese'"), können Sie deren Weiß ebenfalls aufhellen. Das geschieht genauso wie oben beim Augenweiß beschrieben.
Und je nach Typ des oder der Porträtierten können Sie die Lippen wie auch die Iris in der Sättigung intensivieren. Doch dies sollte in den meisten Fällen nur ganz dezent geschehen.

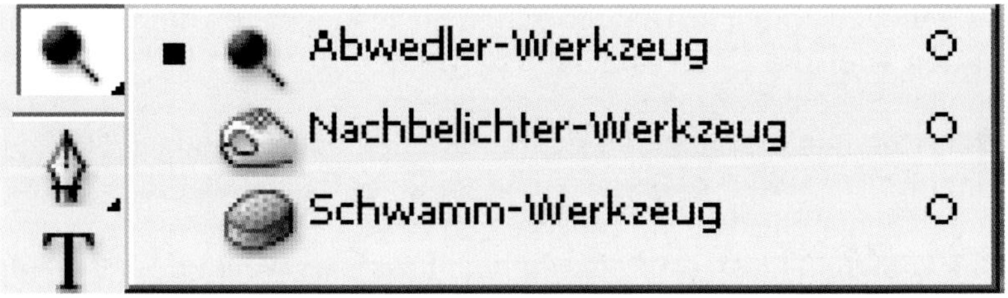

Die drei Werkzeuge Abwedler, Nachbelichter und Schwamm teilen sich einen Platz in der Werkzeugpalette von Photoshop CS3.

3.19 Moirés ade!

Unter Moirés versteht man (oft schlierenförmige) Muster, die durch ein unglückliches Vermischen zweier gleichmäßiger Muster entstehen. Die meisten dürften so etwas vom Fernsehen kennen, wo kleingemusterte Anzüge der Moderatoren bei manchen Einstellungen bunt flimmern. Dann kommt es zu Interferenzen (Überlagerungen) der Muster des Anzugs mit dem Muster der bildwiedergebenden Monitorpunkte.
In der Digitalfotografie sind die Ursachen ähnlich. Das eine Muster liegt im Motiv, das andere ist das Raster der bildaufzeichnenden Sensorpunkte (oder auch des Monitors, siehe weiter unten).

Die Kamerahersteller versuchen, Moirés von vornherein zu unterdrücken, indem sie sogenannte Tiefpassfilter vor dem Sensor anbringen. Leider werden dadurch aber nicht nur Moirés unterdrückt, sondern auch feine Bilddetails. Die große Kunst ist es nun, die Filter so stark einzustellen, dass sie Moirés erfolgreich unterdrücken, aber die feinen Bilddetails trotzdem nicht zu einem unscharfen Brei verschmieren.

Wenn Moirés auftreten, kann man versuchen, bereits bei der Aufnahme durch unterschiedliche Aufnahmeabstände, Brennweiten oder Blickwinkel eine andere, nicht so moiréanfällige Bildeinstellung zu finden.

Oft bemerkt man Moirés aber erst, wenn das Kind bereits in den Brunnen gefallen ist und die Bilder bereits fotografiert sind.
Wenn Sie so ein Moiré in einem Bild bemerken, sollten Sie zuallererst das Bild in **100%-Ansicht** inspizieren, denn nur dann wird ein Bildpunkt von genau einem Monitorpunkt wiedergegeben. Wenn dann kein Moiré mehr zu sehen ist, ist es auch nicht im Bild. Bei den verkleinerten Ansichten auf dem Monitor dagegen kann es zu scheinbaren Überlagerungen eines Musters im Bild mit dem Raster des Monitors kommen, was dann ein Moiré ergibt.
Wenn Sie das Bild unbedingt in der moiréanfälligen Ansichtsgröße am Monitor wiedergeben wollen, können Sie den Fehler evtl. dadurch vermeiden, dass Sie das Bild (auch in mehreren Schritten) zur gewünschten Wiedergabegröße herunterrechnen, so dass es dann in 100 % angezeigt werden kann.

Sollte das Moiré aber auch bei der 100%-Ansicht erscheinen, sieht die Sache ungünstiger aus. Nachträglich lassen sich Moirés nämlich nur schlecht entfernen. Zwei häufiger erfolgversprechende Wege dazu möchte ich Ihnen hier vorstellen.

Der erste Weg funktioniert in Photoshop, Photoshop Elements und Gimp. Nehmen Sie dazu die Farbe der Oberfläche auf, die vom Moiré betroffen ist. Am einfachsten geht das mit dem Pipettenwerkzeug. Anschließend müssen Sie eine passende Pinselgröße (und Weichheit) wählen und den Pinsel in den Modus „Farbe" setzen. Wenn Sie nun über das Moiré malen, behalten die vom Pinsel übermalten Stellen ihre Helligkeit bei und werden nur entsprechend der Wunschfarbe eingefärbt. Das Moiré bleibt zwar als Helligkeitsmuster erhalten, aber die Farbschlieren sind Vergangenheit.

Etwas weiter führt der zweite Weg, der sich wegen der besonderen Kanalbearbeitung nur für Photoshop eignet. Dazu lassen Sie in der Kanälepalette der Reihe nach durch Klick auf das Augensymbol die einzelnen Kanäle isoliert anzeigen und suchen den Kanal aus, der am wenigsten vom Moiré betroffen ist. Sie müssen nun diesen Kanal in der Kanälepalette auswählen (er ist dann blau hinterlegt) und dann über „Auswahl" ⇢ „Alles auswählen" und anschließendem Kopieren diesen Kanal in die Zwischenablage bringen. Dann wählen Sie nacheinander die beiden anderen Farbkanäle aus und fügen die Zwischenablage ein. Das Bild wird auf diese Art schwarzweiß, was nach Umschalten in die RGB-Ansicht (per Klick auf den RGB-Kanal) sofort erkennbar wird.
Nun müssen Sie alles auswählen und diesmal die RGB-Ansicht kopieren. Über „Zurück zur letzten Version" oder durch Auswahl des Startzustandes in der Protokollpalette kommen Sie zum Ausgangsfarbbild zurück. Nun fügen Sie das Schwarzweißbild aus der Zwischenablage ein. Es wird als neue Ebene erscheinen. Wenn Sie nun mit gedrückter [Alt]-Taste auf das Symbol für neue Ebenenmaske klicken, bekommt die Ebene eine mit Schwarz gefüllte Ebenenmaske und wird so unsichtbar. Jetzt können Sie mit einem Pinsel mit weißer Farbe in die Ebenmaske malen, um an den vom Moiré betroffenen Stellen die neue Ebene einzublenden. Diese Stellen werden nun schwarzweiß angezeigt, aber ohne ein so auffälliges Muster.
Abschließend brauchen Sie nur noch, wie im ersten Verfahren beschrieben, die Wunschfarbe auszuwählen und mit der Pipette aufzunehmen. Nun übermalen Sie die Ebene mit dem Schwarzweißbild im Pinselmodus „Farbe" mit der Wunschfarbe. Das Moiré ist im günstigsten Fall völlig verschwunden, zumindest aber sollte es wesentlich weniger auffällig sein.

Das Moiré kann unterdrückt werden, so dass es nicht mehr so stark auffällt.

3.20 Schwarzweiß-Wandlung

Schwarzweißfotos genießen im Zeitalter der Digitalkameras eine ungeahnte Popularität. Während in den letzten Jahren oder Jahrzehnten des analogen Zeitalters nur einige wenige einen Schwarzweißfilm benutzten, stellen heute viele Fotografen ihre Kamera mal eben auf Schwarzweiß. Und das geht nicht nur mit den teuren Modellen – auch einfache Digitalkameras bieten mittlerweile einen Schwarzweiß-Modus.
Das Umstellen der Kameramenüs ist schnell getan. Und fast genauso schnell wandelt man auch nachträglich noch eine Farbdatei (RGB-Modus) zu einem Graustufenbild.

Doch Vorsicht – eine Schwarzweiß-Fotografie ist mehr als nur ein farbloses Bild! Wenn Sie nur die Farbe aus dem Bild ziehen, bleiben gleich helle Motivdetails (roter Apfel/grüne Wiese) gleich hell und wirken dadurch gleich, ohne Kontrast, obwohl sie in der bunten Realität starke (Farb-)Kontraste bildeten.
Die hohe Kunst der Schwarzweiß-Fotografie ist es, einen Weg zu finden, die Farbkontraste als Helligkeitskontraste zu erhalten. In der analogen Fotografie hat man dazu Farbfilter genutzt. Ein Gelbfilter hielt blaues Licht zurück; so wurde der Himmel dunkler, die weißen Wolken wirkten plastischer und weißer. Gleichzeitig wurde im Verhältnis gesehen das Grün (speziell das der Pflanzen), das ja Gelb enthält, heller wiedergegeben.
Sie könnten nun bei der Aufnahme einfach die alten Farbfilter aus der analogen Schwarzweiß-Fotografie vors Objektiv schrauben. Doch es geht einfacher! Bei manchen Digitalkameras besteht die Möglichkeit, solche Filter bei der Fotografie zu simulieren. Dann erhalten Sie direkt aus der Kamera ein entsprechend aussehendes Schwarzweiß-Bild.
Viel flexibler sind Sie aber, wenn Sie zuerst weiter in Farbe fotografieren und die Umwandlung erst zu Hause am Rechner vornehmen. Das sollte aber **nicht** per einfacher Umwandlung in Graustufen oder per kompletter Verringerung der **Sättigung** (Tasten [Umsch]+[Strg] + [u]) geschehen. Stattdessen können Sie in Photoshop CS2 die Umsetzung der Farben in Grautöne mit den Schiebereglern des **Kanalmixers** (Menü „Bild" ⇢ „Anpassen" ⇢ „Kanalmixer") einstellen. Vorher machen Sie im Menüfenster des Mixers noch ein Häkchen bei „monochrom".
Bei Photoshop CS3 und auch dessen RAW-Konverter sowie bei Adobe Lightroom gibt es sogar spezielle Werkzeuge für die Schwarzweiß-Wandlung, mit denen man sehr weitgehend die Helligkeit einzelner Farben im Schwarzweiß-Bild steuern kann.

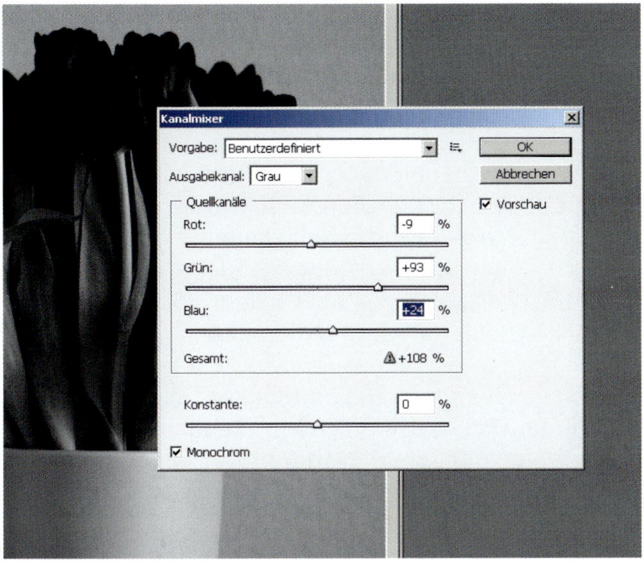

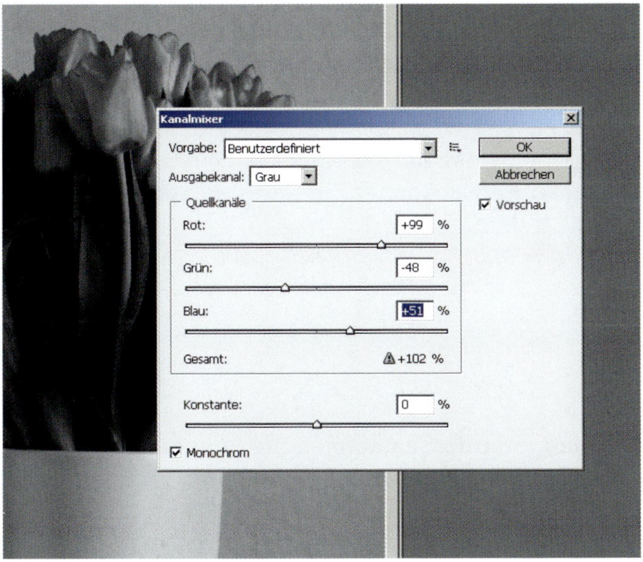

Zwei unterschiedliche Schwarzweiß-Versionen mit dem Kanalmixer

Sie haben kein Photoshop? Oder Ihre Version ist zu alt und hat keinen „Kanalmixer“? Dann habe ich eine andere Möglichkeit für Sie, die auch bei **Photoshop Elements** (und weiteren Programmen) funktioniert. Bei **Gimp** funktioniert der Weg leider nicht, aber dort haben Sie für solche Umsetzungen immer noch den Kanalmixer zur Verfügung. Sie können ihn etwas versteckt unter „Filter“ ⇢ „Farben“ ⇢ „Kanalmixer“ finden. (Denken Sie hier wie bei Photoshop an den Haken bei **„monochrom“**.)

1) Erstellen Sie eine neue Ebene über Ihrem eigentlichen Bild und füllen Sie diese mit Schwarz. Wechseln Sie den „Modus“ der Ebene zu „Farbe“. Dadurch werden die Helligkeiten Ihres Bildes in der Farbe der oberen Ebene, also in Schwarz, wiedergegeben. Sie haben nun ein Schwarzweiß-Bild, das aber immer noch lediglich das Produkt einer unkontrollierten Umwandlung ist.

2) Um die Umwandlung nun zu kontrollieren, müssen Sie die untere Ebene mit Ihrem Bild aktiveren. Wenn die Ebene aktiv ist, wählen Sie das Werkzeug/Dialogfeld „Farbton/Sättigung“. Bei Photoshop Elements unter „Überarbeiten“ ⇢ „Farbe anpassen“, bei Photoshop unter „Bild“ ⇢ „Anpassen“.
In beiden Programmen können Sie nun (langsam) den Schieberegler für den „Farbton“ verschieben. Dadurch werden die Farben über den Farbkreis verschoben. Das führt in der Umsetzung zu Schwarzweiß, wie sie durch die schwarze Ebene im Modus „Farbe“ geschieht, zu einer unterschiedlichen Gewichtung der Helligkeiten.
Sie brauchen sich nun nur noch die Version auszuwählen, die Ihnen am besten gefällt. Wenn Sie die Datei in einem Bildformat speichern, das die Ebenen erhält, können Sie auch später die Umsetzung zu Schwarzweiß ändern.

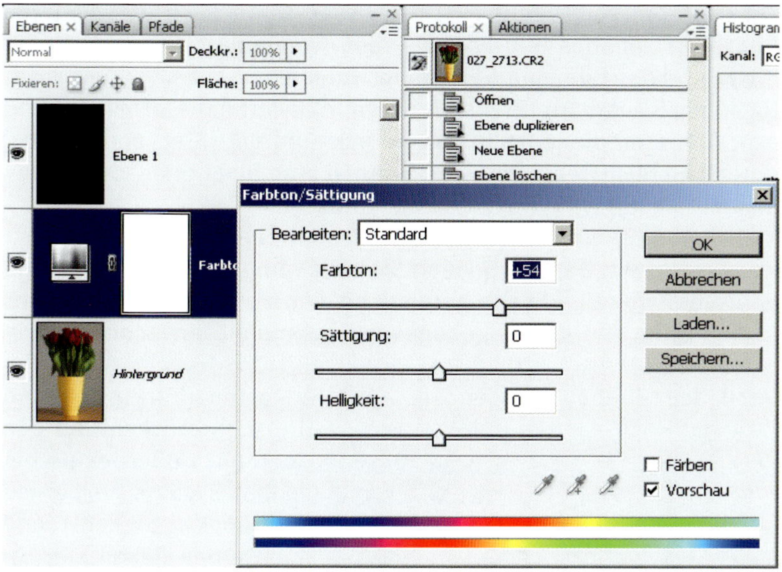

Die obere, schwarze Ebene muss den Ebenemodus „Farbe“ erhalten.

3.21 Stürzende Linien gerade stellen

Es gibt einige kostenlose bzw. preiswerte Spezialisten für das automatische und manuelle Beheben stürzender Linien (siehe auch Tipp 2.16, Seite 89). **ShiftN** und **PTLens** wären da zu nennen. (Die passenden Internet-Adressen finden Sie auf der Webseite zum Buch http://www.fotolehrgang.de/100tippsundtricks/index.php)
Ich persönlich behebe die stürzenden Linien lieber mit den Bordmitteln der Bildbearbeitung, da ich die Fotos meist ohnehin in der Software öffnen muss, um andere Punkte zu bearbeiten.
In Photoshop geht das mit dem Werkzeug zum „**freien Transformieren**“ ([Strg]+[T]) des „Bearbeiten“-Menüs.

Ich nehme nicht das vom Namen her besser passende „Perspektivisch Transformieren“ des gleichen Menüs, denn das Bild muss oft nicht nur perspektivisch entzerrt, sondern auch noch gedreht werden. Das kann ich mit dem freien Transformieren in einem Arbeitsschritt machen, und die Pixel leiden nicht so stark, als wenn sie zweimal hintereinander gezerrt würden.
Das Bild muss aber vor der Behandlung durch Änderung des Ebenennamens in eine „normale“ Ebene verwandelt werden, Hintergrundebenen lassen sich nicht transformieren.

Zur weiteren Verarbeitung ist es besser, wenn Sie etwas Platz im Bildfenster um das Bild herum haben. Verkleinern Sie deshalb mit [Strg] + [–] das Bild innerhalb seines Fensters.
Nachdem Sie das „frei Transformieren“ aktiviert habe, erhält das Bild acht Anfasser, die je nach Tastendruck auf [Alt], [Strg] und [Umsch] unterschiedlich reagieren. Auch durch Kombinationen der Tasten können Sie die Wirkungsweise beeinflussen.
Meistens müssen Sie das Bild zuerst so drehen, dass der Horizont waagerecht ist. Das geht, wenn Sie sich von außen einem der Eckanfasser nähern und dann klicken und ziehen, wenn der Cursor sich in einen zum Viertelkreis gebogenen Doppelpfeil verwandelt.

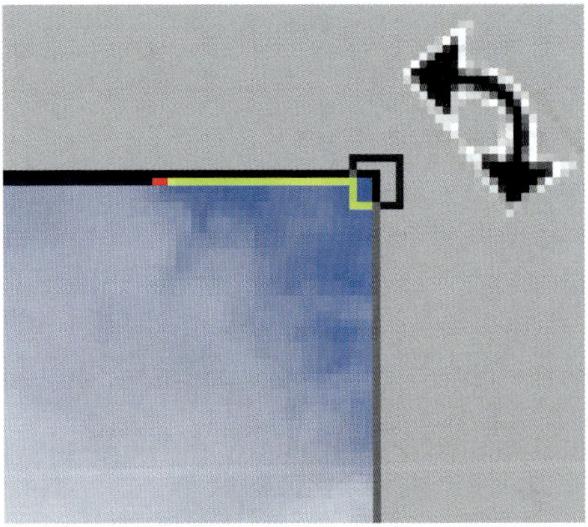

Nach dem Drehen müssen Sie alle drei Tasten ([Alt], [Strg] und [Umsch]) drücken und den oben links oder rechts befindlichen Anfasser mit einem Mausklick packen und nach außen ziehen. Der Anfasser an der anderen Seite wandert mit. Wenn alle Gebäudekanten senkrecht stehen, haben Sie das erste Ziel erreicht. Aber das Gebäude wird jetzt in der Höhe gestaucht aussehen, denn die neue Bilddiagonale verläuft jetzt viel flacher, was zu einem anderen Verhältnis von Höhe zu Breite führt. Damit ist auch klar, was jetzt noch geschehen muss.
Sie müssen die Höhe verändern, indem Sie den mittleren Anfasser am oberen Bildrand nach oben ziehen. Und zwar so weit, dass die Verlängerung der alten Bilddiagonale zumindest ungefähr durch die neuen Eckpunkte (die Eckanfasser) verläuft. Dann ist das Verhältnis von Höhe und Breite wieder so wie im Ausgangsbild.
Mit einem Doppelklick ins Bild oder mit der Entertaste könne Sie Drehung, Entzerrung und Skalierung anwenden lassen. Der charmante Vorteil ist, dass alle die Qualität negativ beeinflussenden Schritte in einem Vorgang erfolgen, die Qualitätsminderung also so gering wie möglich ist.

Sollten durch die Höhenveränderung Bereiche des Bildes nach außen wandern und unsichtbar werden, dann ist das kein Problem; der große Vorteil dieser Vorgehensweise ist, dass Sie diese Bereiche durch den Befehl „alles Einblenden“ im Bildmenü („Bild“ ⇢ „skalieren“ bei **Photoshop Elements**) wieder anzeigen lassen können. Nun müssen Sie das Bild noch so beschneiden, dass die transparenten Bereiche verschwinden.

In **Gimp** geschieht das Entzerren etwas anders, die Arbeitsschritte Drehen und Entzerren finden Sie dort im Menü „Werkzeug“ als Einzelpunkte, die nacheinander erfolgen müssen. Und bei „perspektivisch entzerren“ sind die beiden Eckpunkte nacheinander zu bewegen.
Ist die Höhenkorrektur erfolgt, können Sie die nach außen geschobenen Bildteile über das „Bild“ ⇢ „Leinwand auf Ebene anpassen“ durch eine Leinwandvergrößerung einblenden lassen.

3.22 Kacheln statt klonen

Zum Entfernen störender Bilddetails greifen viele Bildbearbeiter zum **Klonstempel**. Das ist für organische Oberflächen wie Haut und an kleinen Reparaturstellen oft auch oft der beste Weg.
Aber es gilt hierbei vorsichtig zu sein, denn gerade bei solchen organischen Flächen stören wiederholt auftauchende Bildelemente, wie sie beim Klonstempel gerne entstehen, sehr stark. Durch den Stempelabstand entsteht ein **Rhythmus**, eine Art **Muster**, das die Bearbeitung schnell entlarvt.
In einigen Fällen ist es deshalb besser, sich aus dem vorhandenen Bildmaterial quasi einen **Flicken** zu machen, den man über das Bild schiebt. Gerade bei gerasterten Bereichen wie Ziegelflächen oder gekachelten Wänden geht das einfacher und schneller als mit dem Klonstempel.
Am einfachsten ist es, indem Sie zuerst aus der Hintergrundebene des Bildes eine normale Ebene (erhält den Namen Ebene 0) machen. Nun markieren und kopieren Sie einen passenden „Flicken“, den Sie anschließend als neue Ebene (Ebene 1) einfügen.
Schieben Sie Ebene 1 in der Ebenenpalette unter die ehemalige Hintergrundebene Ebene 0. In Ebene 0 müssen Sie nun den störenden Bereich per Ebenemaske ausblenden. (Das geht auch in Photoshop Elements, siehe „Ebenenmaske“ in Photoshop Elements.) Die Ebene wird an der Stelle durch die mit dem Pinselwerkzeug aufgetragene schwarze Farbe transparent.
Nun aktivieren Sie die Ebene 1 und schieben deren Inhalt unter den transparenten Bereich von Ebene 0. Mit „frei transformieren“ können

Bei diesem Bild sind schwache stürzende Linien, da die Kamera leicht nach oben gerichtet wurde. Die Horizontlinie liegt unterhalb der Bildmitte.

Bei diesem Bild wurde der Fehler korrigiert, die senkrechten Linien des Kirchengebäudes laufen wieder gerade.

Sie Größe und Form des Flickens anpassen. Und mit einer Einstellungsebene für den Flicken können Sie auch Farb- und Helligkeitsdifferenzen ausgleichen.
Es liest sich umständlich, ist aber sehr einfach. Pobieren Sie es aus, Sie werden nicht mehr drauf verzichten wollen.

3.23 Labor testen

Nicht jeder Anbieter für „Vergrößerungen betreibt ein eigenes Labor, viele vermitteln die Aufträge nur und wechseln je nach Preis den Lieferanten. Da sind Schwankungen in der Bildqualität natürlich zu erwarten.
Und selbst wenn „Ihr" Ausbelichter auf eigene Maschinen setzt, kann es zu Schwankungen kommen. Sei es, weil aus Kostengründen die Chemie bis zum letzten (und darüber hinaus) ausgereizt wird, sei es, weil auf (preiswerteres?) Papier umgestiegen wird. Und manchmal reicht es schon, wenn der bewährte Mitarbeiter, der das Minilab in- und auswendig kennt und bisher die Aufträge hervorragend bearbeitete, durch einen anderen ersetzt wird.
Es kann also immer wieder vorkommen, dass die Qualität schwankt. Das macht es schwierig zu beurteilen, ob die (guten oder schlechten) Ergebnisse Ihrer Bearbeitung oder aber dem Labor zu verdanken sind.
Um solche Schwankungen zu erkennen, sollte man den Aufträgen immer mal wieder eine bereits früher ausbelichtete Bilddatei beifügen. Wenn dann das nach dieser Datei belichtete Bild genauso aussieht wie die schon früher angefertigte **„Referenzvergrößerung"** (die Sie am besten gut geschützt im Dunklen aufbewahrt haben), können Sie ziemlich sicher von einem einigermaßen konstanten Verarbeitungsprozess ausgehen. Wenn die anderen Bilder des Auftrags Probleme aufweisen, liegt dies also wahrscheinlich nicht am Ausbelichter, sondern vielleicht an Ihrer Bearbeitung.

TIPP

Schicken Sie bei Aufträgen zum Ausbelichten Ihrer Bilder immer mal wieder auch eine bereits früher ausbelichtete Bilddatei mit, um die Konstanz der Arbeit des Ausbelichters zu überprüfen. So können Sie Fehlerursachen besser einkreisen.

3.24 Stichwörter vergeben

Es ist nicht nur wichtig, tolle Fotos zu machen und diese zielgerichtet zu optimieren. Es ist auch wichtig, das Sie ein spezielles Foto schnell wiederfinden. Zu Anfang, wenn Sie nur einige hundert Bilder haben, können Sie den gesamten Bestand mit einem **Bildbrowser** wie Irfan View, XNView oder Picasa durchsehen.

Später wird das zu umständlich werden. Manche Leute sortieren die Bilder dann chronologisch in unterschiedlichen Ordnern für jedes Jahr, jeden Monat oder gar jeden Tag. Doch nach einiger Zeit fällt es schwer, genau zu sagen, wann man das Bild XY aufgenommen hat, die Suche wird dann schnell umständlich.

In anderen Systemen werden die Bilder themenorientiert in Ordner gepackt: „Hochzeit“, „Urlaub“, „Pferde“, „Hunde“ ... Wenn aber auf dem Urlaubsbild ein Hund neben den Pferden der Hochzeitskutsche zu sehen ist?

Solche Systeme stoßen irgendwann an die Grenzen. Und wenn Sie ein Foto weitergeben, ist die Zuordnung zu den Themen hinfällig.

Besser ist es, die Information direkt ins Bild zu schreiben. Zusätzliche unsichtbare Datenfelder in der Bilddatei können ein oder mehrere **Stichwörter** aufnehmen, ähnlich den Angaben zu Kamera und Belichtung in den **EXIF-Daten** der Bilddateien.

Diese Stichwörter sind Teil eines größeren Datensystems für professionelle Anwender wie z.B. Bildjournalisten. Diese sogenannten **IPTC**-Daten umfassen auch viele andere, für einen Amateur oft unwichtige Angaben.

Die Stichwörter dagegen sind auch für Hobbyfotografen sehr interessant. Mit ihnen lassen sich einer einzigen Bilddatei viele **Suchbegriffe** zuordnen.

Und unter all diesen Suchbegriffen kann die Datei dann später gefunden werden. Manche Programme lassen sogar verschachtelte Suchen zu, so dass z.B. alle Säugetiere, aber keine Kühe angezeigt werden.

Das System hängt aber von Ihrer Bereitschaft ab, die Bilder zu verschlagworten. Viele Amateure denken dann zuerst mit Schrecken an die Hunderte oder Tausende unverschlagworteter Bilder auf der heimischen Festplatte. Lassen Sie sich davon nicht irre machen. Fangen Sie einfach mit den nächsten Bildern an, die Sie von der Speicherkarte herunterladen. Um die Altbestände können Sie sich später kümmern, etwa im Herbst, wenn die Tage kurz und die Nächte lang werden.

Sie brauchen keine teuren Programme, um die Stichwörter zu vergeben – das gelingt auch mit den kostenlosen Helfern wie Irfan View oder XNView.
Die Spezialprogramme zur Katalogisierung der Bilder bieten aber einige Vorteile. Bei Lightroom etwa ist es möglich, eine Stichworthierarchie anzulegen wie z.B.

Umwelt
 Tier
  Saeugetier
   Landlebewesen
    Paarhufer
     Wiederkaeuer
      Kuh
       Else

Jedes Mal, wenn Sie dann einem Bild das Stichwort „Else“ zuweisen, werden automatisch (wenn Sie es wünschen) die Stichwörter der anderen Hierarchie-Ebenen zusätzlich vergeben. Im Stichwortsatz steht dann „Lebwesen, Tier, Saeugetier, Wiederkaeuer, Rind, Kuh“ zusätzlich zu dem eigentlich nur vergebenen Stichwort „Else“.
Praktisch ist es, wenn die Programme zur Vergabe von Stichwörter über ein eigenes „Wörterbuch“, einen Thesaurus, verfügen, der von Ihnen nach und nach mit Begriffen gefüllt wird.
Aus diesem wachsenden Fundus kann die Software dann nach Eingabe der ersten Buchstaben die möglichen Stichwörter anbieten. Das macht das Verschlagworten nicht nur schneller, sondern sorgt für durchgängige Schreibweise und verhindert einen Wildwuchs der Begriffe. Das ist wichtig, denn die Suchprogramme sind prinzipiell eher dumm, sie finden meist nicht das Säugetier wenn Sie sie nach Saeugetier suchen lassen. Und auch das Rind wird nicht gefunden, wenn Sie „Rinder“ suchen.
Halten Sie deshalb nach Möglichkeit bestimmte Regeln bei der Vergabe der Stichwörter ein: keine Mehrzahl und keine Umlaute! Gerade Umlaute bereiten mit den oft aus dem englischen Sprachraum stammenden Programmen einige Probleme.

Die eigentlich Vergabe der Stichwörter, die Verschlagwortung, geht relativ schnell, wenn Sie mit etwas System arbeiten. Nach dem Import der Bilder in den Rechner werden zuerst die Stichwörter vergeben, die für alle Bilder gelten, zum Beispiel der Aufnahmeort und der Anlass.

Danach geht es an das erste Bild. Überlegen Sie sich, welches Stichwort bzw. welche Stichwörter es bekommen soll. Nachdem Sie sich zum Beispiel für den Namen (Vor- und Zunamen) einer abgebildeten Person entschieden haben, sollten Sie als Nächstes alle Bilder suchen und gemeineinsam markieren (das geht meist mit gedrückter [STRG]-Taste), auf denen dieselbe Person abgebildet ist. Danach erhalten alle diese Bilder gleichzeitig dieses Stichwort.

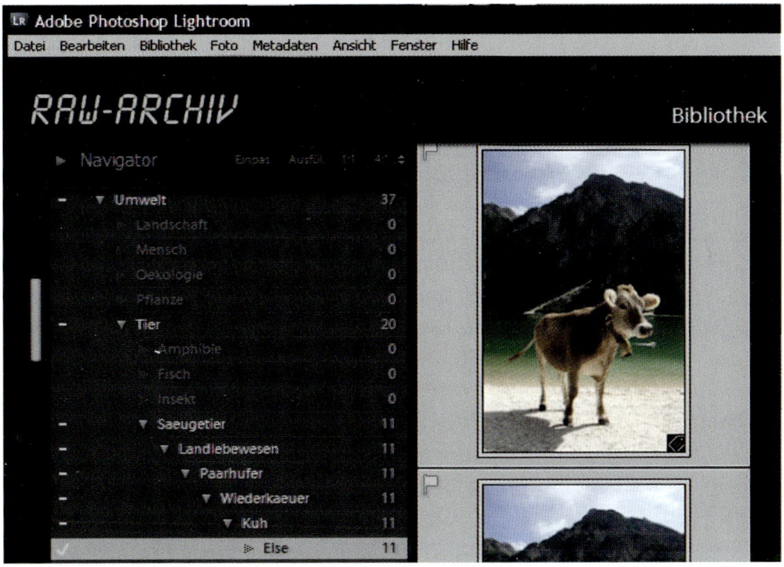

Durch eine „vererbende" Hierarchie wie hier bei Lightroom ist die Vergabe der Stichwörter deutlich einfacher. Das Bild mit dem Rindvieh erhält nur den Begriff „Else" zugewiesen, weil das der Name des Tieres ist; die übergeordneten Stichwörter Kuh, Wiederkaeuer, Paarhufer, Landlebewesen, Saeugetier, Tier und Umwelt werden dann automatisch mit vergeben.

Sollte auf dem ersten Bild noch etwas anderes Stichwortwürdiges abgebildet sein, können Sie noch einmal genauso verfahren. Wenn im ersten Bild aber nichts zu Verschlagwortendes mehr ist, gehen Sie zum zweiten Bild und verfahren genauso wie beim ersten.

Wenn auch dort nichts mehr ist, wandern Sie zum nächsten. Auf diese Art haben Sie recht schnell alle Bilder mit Stichwörter versehen. Bei JPEGs und Tiffs wandern dieses Stichwörter standardmäßig in die Bilddatei selber. Bei RAWs handhaben das die unterschiedlichen Programme verschieden. Einige Softwarelösungen, wie z.B Photoshop und Lightroom, schreiben die Stichwörter (ebenso wie die Entwicklungsrezepte für das RAW-Bild) in sogenannten Sidecar (Beiwagen)-Dateien im Format XMP. Dieses Format ist dem HTML der Internetseiten verwandt und kann von vielen Datenbanken und Bildbearbeitungswerkzeugen gelesen werden. Andere Programme schreiben die Stichwörter direkt in die RAW-Datei.

Beide Verfahren haben ihre Vor- und Nachteile. Die erste Lösung scheitert, wenn die Sidecar-Datei verloren gehen sollte. Bei der zweiten verändern Sie die RAW-Datei. Wenn dann in einer fernen Zukunft nur noch ein einziges Produkt erhältlich wäre, das noch Ihre alten RAW-Daten zu lesen vermag, lässt sich nur hoffen, dass es nicht nur originale RAWs, sondern auch die von Ihnen mit Stichwörter versehenen Daten einlesen kann.

Unabhängig von diesen Nachteilen sollten Sie aber einen großen Bogen um Lösungen machen, die die Stichwörter nur in die eigenen Datenbanken schreiben. Sonst müssen Sie später, sollte ein Wechsel z.B. wegen eines neuen Betriebssystems nötig werden, alle Stichwörter neu vergeben.

Ein nettes Feature einiger Datenbanken ist die Möglichkeit, Suchabfragen zu speichern und im Hintergrund ständig zu aktualisieren. Das funktioniert ähnlich wie die „intelligenten Wiedergabelisten" von i-Tunes. immer, wenn ein Bild mit einem entsprechenden Kriterium neu zum Datenbestand hinzukommt, werden die Ergebnisse der entsprechenden gespeicherten Suchabfrage neu aktualisiert.

Ein weiterer Pluspunkt für eine Bildverwaltungssoftware ist es, wenn Gruppen von Bildern in virtuellen Ausstellungen oder Katalogen geordnet werden können, ohne dass sie dazu in die gleichen Ordner auf der Festplatte verschoben werden müssen.

3.25 Zu guter Letzt

Hier ist das Buch nun zu Ende, ich hoffe, Sie haben Spaß gehabt beim Lesen und ein paar neue Ideen kennengelernt, die Ihnen beim Fotografieren helfen, ob bei der Aufnahmetechnik, bei der Bildgestaltung oder bei der Bearbeitung der Bilder.
Doch auch wenn das Buch zu Ende ist, die Tipps sind es natürlich noch lange nicht. Es gibt viele kleine und große Tricks, mit denen man sich das Fotografieren erleichtern kann. Ein Buch alleine reicht dafür nicht, ich musste also eine Auswahl treffen. Und so habe ich mich auf diese 100 beschränkt.
Die Fototechnik und die Bildbearbeitung entwickeln sich gerade seit Einführung der Digitalfotografie rasant weiter, es entstehen ständig neue Techniken und Verfahren, die auch immer neue Tipps und Tricks mit sich bringen. Von manchen erfahre ich, von anderen nicht, ich kann aber auf keinen Fall alle kennen.
Ich freue mich, wenn ich etwas Neues kennenlernen kann. Wenn Sie also einen solchen neuen (oder alten) Tipp kennen und glauben, dass er hier erscheinen sollte, dann gehen Sie doch bitte auf die Internetseite zum Buch und schicken Sie mir von dort eine Nachricht.
Wenn Sie Aktualisierungen und neue Tipps oder weitere Informationen und Ergänzungen zu den Hinweisen aus diesem Buch suchen, sind Sie auf dieser Webseite ebenfalls richtig, ich werde dort entsprechende Texte und Illustrationen veröffentlichen.
Sie finden sie unter http://www.fotolehrgang.de/100tippsundtricks/
Wenn Sie Interesse haben, können Sie sich von dort über Links zu meinen anderen Webseiten zur Fotografie und natürlich auch Fotoschule-ruhr.de, über die ich meine Workshops und Schulungen anbiete, führen lassen.

Viel Spaß beim Fotografieren – und schauen Sie mal wieder rein in dieses Buch!

Tom! Striewisch

Im November 2007

Tom! Striewisch

Digitalfotografie für Fortgeschrittene

Buch mit DVD-ROM!
Mehr als 5 Stunden Film mit Tipps zur digitalen Bearbeitung von Fotos!

2. erweiterte und aktualisierte Auflage 2007
224 Seiten, zahlreiche farbige Abbildungen

ISBN 978-3-89994-012-1

14,90 EUR (D) / 15,40 EUR (A) / 26,80 CHF

Peter Klau

Camcorder für Ein- und Aufsteiger

- Digital Videos filmen, Grundlagen & Kaufberatung
- Kamerafahrten, Schwenks, Zoom, Makroaufnahmen u.v.m.
- Videoschnitt, Nachvertonung, Übergänge, Titel, Abspann

208 Seiten, zahlreiche farbige Abbildungen

ISBN 978-3-89994-049-7

14,90 EUR (D) / 26,80 CHF / 15,40 EUR (A)

Tom! Striewisch

Der große Humboldt Fotolehrgang

4., vollständig aktualisierte Auflage 2007
384 farbige Seiten, mit zahlreichen Abbildungen

ISBN 978-3-89994-017-6

19,80 EUR (D)

Rainer Emling

Digitalfotografie von A - Z

2., vollständig aktualisierte Auflage 2008
160 farbige Seiten, mit zahlreichen Abbildungen

ISBN 978-3-89994-148-7

14,90 EUR (D)